U0604242

逍遥的庄子

吴怡 著

九州出版社 JIUZHOUPRESS | 全国百佳图书出版单位

图书在版编目（CIP）数据

逍遥的庄子 / 吴怡著. -- 北京 : 九州出版社，
2023.10
ISBN 978-7-5225-1906-7

Ⅰ．①逍… Ⅱ．①吴… Ⅲ．①道家②《庄子》—研究
Ⅳ．①B223.55

中国国家版本馆CIP数据核字(2023)第102017号

逍遥的庄子

作　　者	吴　怡著
责任编辑	邹　婧
出版发行	九州出版社
地　　址	北京市西城区阜外大街甲 35 号（100037）
发行电话	（010）68992190/3/5/6
网　　址	www.jiuzhoupress.com
印　　刷	北京盛通印刷股份有限公司
开　　本	787 毫米 ×1092 毫米　32 开
印　　张	6
字　　数	90 千字
版　　次	2024 年 1 月第 1 版
印　　次	2024 年 1 月第 1 次印刷
书　　号	ISBN 978-7-5225-1906-7
定　　价	46.00 元

三民书局二版序

本书于一九七三年在新天地书局发行时，我没有写序；后来于一九八四年转交三民书局出版时，增补了附录，也没有写序。这次三民书局因旧版字迹模糊，准备再改新版，而向我索取一篇自序。面对三十年前的旧作，回想这一路下来的思想历程，心中不禁"有话要说"。

本书原来是我的一篇升等论文。在送审通过后的某一次聚会上，方东美教授对我说，他读过我送审的这篇论文，其中的观点和他心有同感。虽然他没有明言，但我心里清楚，他所指的是我批评司马迁、向秀、郭象、冯友兰、胡适和熊十力等学者对庄子逍遥境界的误解。方教授赞美庄子是空中飞人，欣赏庄子那种超拔尘世、天马行空的精神，因此对熊十力评庄子"茶然无自在力"的看法当然是不愿苟同的了。

这些年来，我对禅学与老庄的研究也许花的时间较多，但在我心中，儒家的精神仍然是定盘星。有些学者为了援释归孔，转道返儒，而对佛道两家持负面的看法，但我的态度乃是用儒家的精神尽量去发掘佛道中和儒家相通的地方，也就是说以儒显佛，以儒证道。

在最近几年的教学中，我更发现庄子的逍遥不只是超拔尘世，游于方外；同时，他也入于尘世，游于方内。正如他在《天下》篇中的自描，一面是"独与天地精神往来"；另一面又是"不敖倪于万物，不谴是非，以与世俗处"。

在《大宗师》篇中，庄子曾说："以刑为体，以礼为翼，以知为时，以德为循。以刑为体者，绰乎其杀也；以礼为翼者，所以行于世也；以知为时者，不得已于事也；以德为循者，言其与有足者至于丘也，而人真以为勤行者也。"这段话近代学者有以为讲刑，是法家言；有以为讲礼与德，是儒家言。于是便动刀要删。其实我们如果深体庄子的用意，却要大呼刀下留情，删不得，因为这正是庄子在人间世能逍遥的工夫与方法。"以刑为体"的刑不是指刑法，而是指天刑。我们的肉体有生必有死。有生是天命，有死是天刑。如果我们把自己的身体看作受刑之体，对于死亡便能处之泰然；因此应付这种自然的肃杀，也就能绰绰有余了。至于世俗的礼与德，在《庄子》书中，虽有批评，但他的批评只是希望我们不为这些礼与德所执所限，并不是教唆我们故意破坏或反对这些礼与德。如在《人间世》篇中，庄子借孔子和颜回的对话，说明在人间世，必须"与人为徒"，即是与人为伍，当然不能避免和人往来的礼与德。但重要的是我们先要有"心斋"的工夫，使心地虚旷有如明镜，能反映一切，而不留影像。也就是说能借礼之翼而飞、循德之途而行，心中却不为礼与德所束缚，拘泥而不化。

三十年前，我欣赏庄子那种超尘拔俗、一飞冲天的气势；可是今天，我却有兴趣去发现庄子如何逍遥于世俗人间。我在这学期的庄子课中，建议学生们在期末报告里，列举他们在美国生活所遭遇到的许多问题，看看两千年前的庄子是否能帮他们应付。目前我还没有看到他们提出的问题，因此只有请等下回分解了。不过本书的读者们，不妨就自己所遭遇的问题，用读《庄》心得，先去参一参吧！

写于二〇〇三年十二月六日　时客居美国

目　录

第一章
逍遥的庄子

一

两千三百余年前，在中国东南部的蒙县地方，产生了一位旷世的天才。他想象丰富，上穷碧落下黄泉，无所不至；他口才犀利，冷嘲热讽，骂尽天下英雄，却没有一个人对他不心服口服；他思想尖锐，能言人之所欲言，也能言人之所不能言。尤其他那纵横驰说、予夺自如的文字，更穿透了漫长岁月的阻隔，在今天，仍然是那么的新，那么的动人，那么的具有冲击力。

他就是庄子。

他就是道家的第二座高峰。

他就是金圣叹所批六才子书的第一本——《南华经》的作者。

二

司马迁对于庄子生平的了解也很有限，他只知道庄子，名周，是宋国蒙人，曾经做过蒙县的漆园吏，与梁惠王、齐宣王同时。

司马迁对于庄子思想的评论却令人费解，他认为庄子"其学无所不窥，然其要本归于老子之言，故其著书十余万言，大抵率寓言"。这话除了"归于老子之言"有待推敲外，尚符事实。可是他接着说：

> 作《渔父》《盗跖》《胠箧》，以诋訿孔子之徒，以明老子之术。畏累虚、亢桑子之属，皆空语无事实，然善属书离辞，指事类情，用剽剥儒墨。虽当世宿学不能自解免也。其言洸洋自恣以适己，故自王公大人不能器之。

这段话，使人非常困惑，因为我们都知道《庄子·内篇》是庄子的中心思想，而且是大家公认出于庄子的亲笔，可是司马迁却一字不提。相反的，而举《渔父》《盗跖》《胠箧》等思想浅薄，可能为庄子后学者所撰的作品，来说明庄子的诋毁孔子。对于这个困惑，我们只有一点可以解释，就是司马迁同情孔子，而有意要贬抑庄子，因此才避重就轻地举《渔父》等篇为例。如果这个解释不错的话，那么，司马迁便是第一位误解和曲解了庄子思想的人物。

三

为什么我们认为司马迁误解和曲解了庄子思想？让我们翻开庄子所写的《南华经》，看看他的自描吧！

庄子很穷，穷得有一次几乎断炊，只得向管河的一位官吏借米。那位官吏满口答应说："没有问题，等我收到田租时，借给你三百两金好啦！"其实庄子借米是为了救急，所以他大为不高兴地说："我昨天来这儿的时候，途中听到有人喊我的名字，我环顾四周，没有人影。原来是车子压过的沟中有条鲋鱼在叫我，我问它有什么事，它说：'我是东海里的波臣，你能否给我斗升的水，活活我的命。'我回答说：'没有问题，等我向南游说吴越的君主，请他们激动长江的水来欢迎你好啦！'这时那条鱼大发牢骚说：'我一时失策，处于这种困境。如果你能给我斗升的水，还能活下去；而现在你竟用那话搪塞我，不如早点到卖干鱼的店铺中来找我吧！'"庄子贫困的情形，由这段牢骚中可以略知一二了。

然而穷，正是庄子的本色，也是庄子工夫*的起点。因为一般人由于穷，便为金钱所诱，失去了人格。而庄子却不然，他虽然很穷，但对金钱却看得非常淡泊。

某次宋国有一位曹商，奉宋王的命令出使秦国。去的时候，带车几乘；回来的时候，由于得到秦王的欢心，带回一百多乘车子，便向庄子吹牛说："叫我住在穷巷矮檐下，黄脸瘦颈，织着草鞋过活，我是没有这种刻苦的本领的。而我的本领，只要一句话把万乘之主说开心了，便可拥有百辆的车乘。"庄子带着讥讽的口气说："我听说秦王有一次生病，下诏求医。凡能替他开破脓疮的，赏一乘车；替他舐痔的，赏五乘车。做得愈卑鄙无耻的，得车愈多。你大概也替秦王医过痔吧！不然怎能得了那么多的车呢？好了，你快去吧！"这段讽刺是多么的泼辣、尖刻，更可看出庄子对于那些以"无耻"所换来的荣誉富贵的深恶痛绝！

这是庄子对于"利"的超脱。

---

* 编者注：现用"功夫"。本书沿用作者原文。

庄子的地位很贱，他一生最大的官，只是做个管管漆园的小吏。用现在的话来讲，也不过是个管理员而已。但他却并不因为自己很贱，便拼命地去追求功名。有一次他到梁国去看惠施，有人向惠施挑拨说："庄周的口才比你好，他来了，你的相位就难保了。"惠施着了慌，便通令在城中搜寻他三天三夜。结果他登门去见惠施，说："你知道南方有一种名叫鹓鶵的鸟吗？它从南海飞向北海，在辽阔的途程中，不见梧桐不宿，不遇竹实不吃，不逢醴泉不饮。正在它飞时，下面有一只鸱鸦，口里正衔着一只腐鼠，那只鸱鸦生怕鹓鶵来抢它口中之物，急得仰头大叫一声：'吓！'现在你也想把梁国的相位，来向我吓一声吗？"

事实上，庄子非但不会去争取别人的相位，即使把相位恭恭敬敬地送给他，他也不会接受。有一次楚王喜欢他的才气，派了两位大夫去礼聘他。那时他正在濮水边钓鱼。两位大夫恭敬地说："我们国王，有意把国事麻烦你，先生。"庄子不动声色，爱睬不睬地说："我听说楚国有一只神龟，死了已三千年，你们楚王把它用锦巾包着，绣笥盛着，藏在太庙里，以卜吉凶。试问这只神龟真正有灵的话，宁愿死了留着一套龟甲受人尊重呢，还是活着，在泥路中拖着尾巴爬呢？"两位大夫说："以神龟来论，当然宁愿活着，在泥路中拖着尾巴多爬一会呢！"

这是庄子对于"名"的超脱。

庄子是人，他不能不遭遇到人生的大患——死。

他曾遭遇到妻子的死。他的朋友惠施来吊丧，看见庄子非但不悲哀，反而直着双脚，坐在地上，敲着瓦盆在唱歌。惠施奇怪地问："她和你相伴一辈子，生下的儿子也已成人。她死了，你不哭一声，倒也罢了；反而敲盆唱歌，这未免太过分了！"庄子回答说："不如你所说，她初死时，我哪里能无动于衷呢？但仔细一想，她本来是无生无形，毫无踪影的；突然有了这个形，又有了生命，现在她又死去，这不正像春夏秋冬，随时在变化吗？她也许正在一间巨室内睡得很甜呢，我却号啕地接连地哭着，自己想想未免可笑，所以不哭了。"可见庄子并非不爱他的妻子，他的先哭而后不哭，是他对死的悟解；而他之所以唱歌，乃是为了发抒对妻子的深情。

最后他又遭遇到自己的死。在他临终时，几位亲近的弟子商量如何好好地安葬老师。庄子便说："我把天地当棺椁，日月当连璧，星辰当珠玑，万物当赍品，一切葬具都齐全了，还有什么好商量的。"弟子们回答说："没有棺椁，我们生怕乌鸦老鹰吃了你。"庄子微笑地说："弃在露天，送给乌鸦老鹰吃；埋在地下，送给蝼蛄蚂蚁吃，还不是一样吗？何必厚此薄彼，夺掉这边的食粮，送给那一边呢？"

这是庄子对"死"的超脱。

名和利是使人类失去自由的脚镣和手铐，而死亡，却使人类的一切化为乌有，注定了命运的悲剧。试想一个人，如果能挣脱名利的束缚，跳出死亡的陷阱，还有什么烦恼痛苦可言。庄子之所以能逍遥，即在于此。

然而超越名利和死亡，还只是消极的一面，庄子必有另一面的工夫，使他能超越名利和死亡。有一次梁惠王请他去聊天，他穿着一身大麻衣，已打满了补丁，脚上套着一双鞋，没有青丝鞋带，而是用麻绳捆着，就这样不修边幅地去见梁惠王。惠王觉得他有点不像样，就问："先生，你那样的潦倒吗？"庄子幽默中有刺地说："人有了道德而不能实现，才是真正的潦倒呢！衣破了，履穿了，并不是潦倒；而且这是我遭遇时代的不幸，碰不上圣君贤相，又有什么办法呢？"从这段话中可以看出庄子是重视道德的。

又有一次庄子去见鲁君，鲁君问："鲁国有很多的儒生，可是却很少有人向你先生学道。"庄子回答说："鲁国的儒生并不多。"鲁君奇怪地问："在鲁国到处可以看到穿儒服的人，怎么说儒生很少呢！"庄子说："我曾听说，真正的儒生，戴着圆冠的，能识天时；穿着方鞋的，能知地形；挂着玉佩的，断事如神。有道的君子，并不一定要穿着儒服啊！衣服穿得漂亮的，未必真有学问哩！你一定不信我的话吧！那么你不妨下一道命令说：没有儒家的学问，而穿着儒服的人，死罪。看看还有几人？"鲁君命令发下的第五天，鲁国只有一个人敢穿着儒服立在公门前面。鲁君就把他召进来，问以国事，他果然随机应变，对答如流。庄子笑笑说："偌大一个鲁国，真正的儒生只有一个人罢了，还能说多吗？"这位儒生就是庄子自己的影射。可见庄子除了道德之外，还有经世治国的学问。试想庄子如果没有切切实实的学问，楚王也不会请他出来为相了。

庄子的故事看到这里，我们可以得到一个结论了：庄子之所以能逍遥，是由于他超脱了名利和死亡；而庄子之所以能超脱名利和死亡，乃是由于他有道德的修养，有学问的工夫。

了解到这一层，我们便知道庄子的诋毁孔子，有两种可能：一种是他书中有些诋毁的话是出于后人的加添，而非庄子的亲笔；另一种是有些貌似诋毁的话，就像庄子和鲁君论儒生一样，只是为了揭发假儒，而显示真儒。

了解到这一层，我们便知道庄子虽然是个隐士，却有救世的热情；虽然玩世不恭，却有严肃的道德使命；虽然鼓吹貌似浪漫的逍遥，却有极为深厚的学问工夫。

四

然而最令人痛心的是由于后代一般读《庄》者往往囿于一偏，只看到庄子嬉笑怒骂的一面，而忽略了庄子含蕴深沉的另一面。

尤其《逍遥游》一文，给予一般人的错觉是庄子赞美无己、无名、无功、无用，于是勾画出庄子的形象是游手好闲，玩世不恭的；勾画出庄子的思想是不要荣誉，没有是非观念的。

司马迁是如此的了解，向秀、郭象是如此的了解，韩愈及某些宋明儒家是如此的了解，胡适、熊十力以及近代有些学者也是如此的了解。

这些学者们如此的了解，问题还不大，因为他们本身另有根基，尚不致因对庄子的误解，而误尽了自己的一生。但可怕的是一般年轻人，他们本身毫无根基，在思想上又没有一点免疫能力，而作如此的了解，使他们的颓废、放任有理论的支持，更是越发不可收拾了。

所以，如此的了解，不仅使我们成为庄子的罪人，而且也使庄子成为民族文化的罪人。

为了这个原因，笔者特别就《逍遥游》一文着手，试从庄子逍遥的境界，以论庄子在知识和道德方面的两重工夫。

第二章

庄子逍遥境界的误解

庄子思想的最高境界，寄托于逍遥。所以《庄子》一书的首篇是《逍遥游》，而历来凡是醉心于庄子思想的哲人、学者、文豪，无不醉心于《逍遥游》。

然而《逍遥游》只是一种境界，境由心造，所以境界具有其特殊性、个别性。每个人因其本身的见解、体验、修养、工夫的不同，而有不同的境界[1]。庄子的《逍遥游》是写庄子的境界。可是后代许多醉心庄子思想的人，由于他们本身的见解、体验、修养、工夫的不同，因此对庄子的逍遥境界便产生了很大的误解。

对庄子逍遥境界的误解，最具代表性的是向、郭的

---

[1] 在禅宗的顿悟里，特别着重每个人的特殊性、个别性。而通过了他们的见解、体验、修养、工夫所得的境界，也有极大的不同。所以悟有小悟、大悟、顿悟。其实顿悟后之境界，每个人也各有不同。

《庄子注》[1]，而造成这一误解，以及把这一误解变成了一种理论，而影响得非常普遍的，是魏晋的玄学家们。

现在我们从向、郭注《逍遥游》的错误，及这一错误的形成，与对后世的影响三方面来看看。

一、向、郭注《逍遥游》的错误

向、郭注《逍遥游》的错误，最主要的关键就是未能把握自然两字的真义。按照中国哲学对自然两字的用法，本是指宇宙人生的必然法则。由于这种法则，不是出于天帝的安排，也不是由于人为的设施，而完全是它本身自

---

[1] 《晋书》卷五十《郭象传》："先是，注《庄子》者，数十家，莫能究其旨统。向秀于旧注外，而为解义。妙演奇致，大畅玄风。惟《秋水》《至乐》二篇未竟，而秀卒。秀子幼，其义零落。然颇有别本迁流。象为人行薄。以秀义不传于世，遂窃以为己注。乃自注《秋水》《至乐》二篇，又易《马蹄》一篇，其余众篇，或点定文句而已，其后秀义别本出，故今有向郭二注，其义一也。"今天我们已无法考证，究竟哪部分是向秀的原注，哪部分是郭象的增添，因此只得合称为"向、郭注"。

己如此的 [1]，所以自然在宇宙来说，是指物性的自己如此；在人生来说，是指人性的自己如此。物性的自己如此是物性的本然，其本身并没有价值的因素。而人性却不然，其本身是有价值意义存的。因为人本来也是万物的一种，当然和万物同具有物性。但人得天独厚，具有灵智，能从万物中脱颖而出。自人类从万物中脱颖而出后，他一方面扬弃了许多物性，一方面更开发了许多人性 [2]。所以就人来说，他是兼具了物性和人性的。所以人性之为人性，也就是人性之本然，当然是和物性有所不同的。现在我们先把其间的关系列一个表，顺着这个表，来看看向、郭注

---

[1] 《老子》在第二十五章末尾说："人法地，地法天，天法道，道法自然。"此处之自然，正是指道之内涵乃自己如此。

[2] 一般人常说人性中包括有兽性与神性。但依笔者的看法，兽性两字过于粗俗，神性两字过于虚玄，还不如用物性和人性较为平实。至于其间的关系可如下表：

人性
↑
人
↓
物性

也就是指人向下沉沦，便拘于物性，而向上开展，便是人性的发扬。

《逍遥游》的错误究竟在哪里:

$$自然—性分 \begin{cases} 物性—大鹏小鸠—无胜负之分 \\ 人性—大智小智—有高低之别 \end{cases}$$

（表一）

首先我们看看向、郭对"自然"的看法，他们说:

> 天地者，万物之总名也。天地以万物为体，而万
> 物必以自然为正。自然者，不为而自然者也。故大鹏
> 之能高，斥鷃之能下，椿木之能长，朝菌之能短，凡
> 此皆自然之所能，非为之所能也，不为而自能，所以
> 为正也。

由这段话中，可以看出向、郭眼中的自然，是拘限于物理
现象，以本能为主的。因为大鹏之能高，斥鷃之能下，这
是物理现象，也是本能使然，所以是不为而自然。

这种本能的自然，即是万物的性分。这个性字，不
仅《逍遥游》中没有，连《内篇》中也都没有一字提到，
但在向、郭的《逍遥游注》中却是一个重点。他在开端便
声明说:

鹏鲲之实，吾所未详也。夫《庄子》之大义在乎逍遥游放，无为而自得。故极小大之致，以明性分之适。

按照向、郭的说法，逍遥之所以可致，完全在于能明性分之适。但向、郭所谓性分，却是局限于物性的。他说：

物各有性，性各有极，皆如年知，岂跂尚之所及哉。

性分之分，即此处性各有极的极。而此处的极，并不像太极的极，具有深远的理体的意义。相反的，乃是一种本能的限制。但人性却不然，人性非但不受本能所限（如果受本能所限，便是物性，而非人性）[1]，而且是向上无限开放的。可是向、郭见不及此，把人性当作物性来论，因此黏着在庄子的寓言上，而产生了误注。

在庄子的笔下，鲲鹏和蜩鸠都是一种譬喻。庄子只

----

[1] 例如告子说"食色性也"，食、色只是本能，如果人生的意义只限于追求食、色，这便是拘于物性。这种人只是万物中平列着的一类而已。相反的，在食、色之上还有更高的目标，以美化食、色，提升食、色。这样的人，便是能挣脱物性的束缚，走向人性的。而他在万物中的地位，不是平列的，而是超越的。

是借鹏鸠之喻，托出大小境界的不同，以说明小知不及大知，小年不及大年。显然庄子是要舍小就大，责小鸠而效大鹏（当然大鹏并非庄子最高的逍遥境界，但大鹏比起小鸠来，却高明多了），但向、郭却把大鹏和小鸠硬放在相等的天平上。本来在《逍遥游》中"之二虫又何知"的之二虫是指蜩与学鸠，但向、郭却注为鹏与蜩说：

> 二虫谓鹏蜩也，对大于小，所以均异趣也。夫趣之所以异，岂知异而异哉。皆不知所以然而自然耳。自然耳不为也，此逍遥之大意。

又说：

> 苟足于其性，则虽大鹏，无以自贵于小鸟。小鸟无羡于天池，而荣愿有余矣！故小大虽殊，逍遥一也。

由这两段话中，可以看出向、郭认为大鹏和小鸠虽然形体有大小之分，但如果它们都能"足于其性"，则都是一种逍遥。正如他所谓：

> 夫小大虽殊，而放于自得之场，则物任其性，事

称其能，各当其分，逍遥一也。岂容胜负于其间哉。

在这里，我们已找到了向、郭注《逍遥游》的重要关键，就在"足于其性"一语。本来"足于其性"一语境界甚高，《中庸》所谓"率性""尽其性"，都是"足于其性"。但《中庸》的性，是指人性，是指最高的理体。而向、郭所谓的性，却局限于物性，如他说：

> 各以得性为至，自尽为极也。向言二虫殊翼，故所至不同，或翱翔天池，或毕志榆枋，直各称体而足，不知所以然也。今言小大之辩，各有自然之素，既非跂慕之所及，亦各安其天性，不悲所以异。

由于"足于其性"是偏于本能，限于物性，是"不得不然"的，虽则不是人力所可企及的，但也把人性的发扬加以封闭。就这点来看，绝不是庄子逍遥的本意。因为小鸠如果不羡天池，而满足于在树枝间跳跃，这在物性来说，也未尝不是一种逍遥。正同矮小者安于矮小，貌丑者不以貌丑为恶，由于矮与丑是形体所限，不是人力所可企及的，能安其所当安，这也是无可厚非的。但这并不是庄子逍遥的真意。至于愚笨者如果安于愚笨，智浅者如果不以智浅为陋，由于智与愚不是形体所限，是人力可以改造的，却安其所不当安，这是一种颓废思想，绝不是逍遥的境界。再者，荒淫者之沉于声色，贪财者之乐于敛财，在他们的眼中，不希圣、不羡寿[1]，也是一种逍遥。但这种态度正是庄子所痛斥的，和逍遥的境界完全背道而驰。

由以上所述，可知向、郭注《逍遥游》的错误，在于没有分清物性和人性。以自限的物性，封闭了向上的人性。

二、这一错误的形成

向、郭注《逍遥游》的错误，很多人只注意到他注错了"之二虫"，如蒋锡昌在"之二虫又何知"条下说：

---

[1] 例如《列子·杨朱》："生民之不得休息，为四事故，一为寿，二为名，三为位，四为货，有此四者，畏鬼畏人、畏威畏刑，此谓之遁人也。可杀可活，制命在外，不逆命，何羡寿；不矜贵，何羡名；不要势，何羡位；不贪富，何羡货，此之谓顺民。"单就这些话作来，不是没有道理。但他们只是拿这些话作门面，实际上却是实行他们那种"为欲尽一生之观，穷当年之乐，唯患腹溢而不得恣口之饮，力惫而不得肆情于色，不遑忧名声之丑，性命之危也"的纵欲思想。

俞樾曰:"二虫即承上文蜩鸠之笑而言,谓蜩鸠至小。不足以知鹏之大也。郭注云:二虫谓鹏蜩也,失之。"锡昌案:俞说是。《经传释词》:"之,是也。"盖物各有性,性各有适。苟适其性,逍遥斯同;固无所论乎大小也。故身重翼大者,万里方畅,身轻翼小者,榆枋已足。譬之行路,所适弥远,则聚粮弥多,此乃自然之理,无足异者。使大鹏而仅至榆枋,将感极大之痛苦,使二虫强飞万里,即体力能胜,亦所不愿,彼二虫者,实昧此理,故见大鹏高飞九万里之上而反笑之也。

蒋锡昌一方面赞成俞樾之说,认为"之二虫"不是指鹏与蜩,而是指蜩与鸠,但他接着的按语,却完全是向、郭的看法。这说明了后代的注疏家,只注意到字义的考证,而忽略了字义之后的一套思想背景。向、郭之注错了"之二虫",并不只是字义之误,而是他们自己的一套思想使之如此。同时,他们之有这套思想,也并非他们个人的特殊见解,而是整个思潮所造成的。现在笔者就从造成这一错误的整个思潮说起。

庄子思想成于战国中期以后。今天我们就《庄子》来说，便可以看出在战国时期，庄子思想的发展已有两种不同的层次。一般都公认《庄子·内篇》，非常纯粹，是出于庄子的手笔，《外篇》和《杂篇》较为复杂，可能是庄子的后学者所写。其中境界高的，如《秋水》《天下》等篇，可说尚能得庄子的真精神；而思想粗俗的，如《骈拇》《马蹄》等篇，虽说是庄子后学所写，但和庄子的思想不仅毫无所会，甚至于由误解、曲解，而至于变成了庄子的罪人。笔者所谓两个层次，一是指庄子思想的本色，包括了《庄子·内篇》，和《外篇》《杂篇》中境界较高的几篇，其次是指完全和庄子思想相背的几篇。正如王夫之在《外篇注》中曾说：

> 《外篇》非庄子之书，盖为庄子之学者，欲引伸之而见之弗逮，求肖而不能也。以《内篇》观之，则灼然辨矣。……《内篇》虽极意形容，而自说自扫，无所黏滞。《外篇》则固执粗说，能死而不能活。……而浅薄虚嚣之说杂出，而厌观盖非出一人之手，乃学庄者杂辑以成书，其间若《骈拇》《马蹄》《胠箧》

《天道》《缮性》《至乐》诸篇，尤为惝劣。

可见在战国时代，已有对庄子思想的误解产生。如《骈拇》上说：

> 是故凫胫虽短，续之则忧；鹤胫虽长，断之则悲，故性长非所断，性短非所续。

> 伯夷死名于首阳之下，盗跖死利于东陵之上，二人者，所死不同，其于残生伤性，均也。奚必伯夷之是，而盗跖之非乎。

这种把性局限于形体，和后来向、郭的思想路线是一致的。所以庄子的思想在战国后期，已有了误解。而这种误解的作品，和《内篇》混在一起，就变成了今天的《庄子》一书。

《庄子》一书自战国之后，经过了秦汉，好像一位含羞的闺女，没有抛头露面。即使玄风极盛的魏正始年间，何晏、王弼所推崇的都是老子，并没有重视庄子。直到竹林七贤等人出来后，庄子才取代了老子的地位 [1]。

由于竹林七贤等人外受政治险恶的影响，不敢侈言有为；内因个人浪漫才情的所发，醉心于旷达，因此便希望把庄子那套逍遥的境界运用于人生。可是他们本身的思想并不高妙，而对庄子境界的体悟也不深切。他们向慕于逍遥，却不能透过庄子的《齐物论》《德充符》等中心思想去达到内心的真正逍遥；而是由于《外篇》等消极思想，投合了他们颓废的人生观，使他们故意把自己的心性封闭了起来，而只在外貌上去表现形体的逍遥。

譬如阮籍有一次和人在下棋，家中传报母死，他却强作镇静，继续下完棋，回家后，拼命喝酒，然后大哭吐血。就这种事情来看，他起先强作镇静，是想学庄子妻死的那种达观。但他的做法，前后的次序刚好和庄子相反。庄子在妻子刚死时，也非常悲痛，大哭流涕，后来慢慢地想通了，认识到生命不过一气之变化，才归于平静。阮籍

---

[1] 在何晏、王弼时，犹着重于《老子》，因此他们都替《老子》作注。到了竹林七贤时，除了向秀替《庄子》作注外，如阮籍写《大人先生传》《达庄论》；嵇康写《养生论》《声无哀乐论》，都是专就庄子思想发挥的。

却是先强作镇静，没有透过任何认识与理解，可见是勉强的。后来又痛哭流涕，这更说明了他并没有真正达到逍遥之境。

以上只是一个例子罢了！我们试看魏晋时期的玄学家们，他们那种放任狂诞，甘于低陋，伤风败俗，破坏礼教的行为，在庄子的眼光中，连那只可怜的小鸠都不如。但他们非但不自知，反而以为是庄子的忠实信徒，用庄子的思想来粉饰他们的行为。于是在他们的笔下，便很自然地提高了小鸠的地位。所以向、郭注《逍遥游》的错误，乃是在整个魏晋思想的温床中所培养成的。纵使向、郭的注自成一种体系，我们可以把它抽出来单独地研究，但就庄子思想的精神来说，它却是一种误解。

三、此一误解对后世的影响

庄子思想的发展，自魏晋而后，似乎没有产生很大的作用。这是因为从南北朝、隋唐，一直到宋明，不是佛学独霸的天下，便是儒家复兴的时代。庄子思想好像一位弃妇似的为人所淡忘了。

然而如果我们仔细去寻求庄子思想在魏晋以后的发

展，却仍然有脉络可寻。对于这点我们可以分作两部分来说。

就庄子思想精神对后世的影响来说，在魏晋时期如支道林、僧肇等[1]，可以说都是庄子的功臣。就拿支道林所留下的《逍遥游注》的断片来看，和向、郭注的境界完全不同[2]。所以由魏晋许多佛家的推崇，使庄子思想的真精神注入了中国佛学，尤其是禅宗的血脉里。但由于魏晋以后是佛学的天下，因此大家只知有禅宗，而忽略了禅宗

---

[1] 僧肇曾著有四篇论文，合称《肇论》。这四篇论文是《物不迁论》《不真空论》《般若无知论》《涅槃无名论》。笔者在拙著《禅与老庄》一书中，曾申论僧肇思想和庄子的关系。

[2] 《世说新语·文学》篇之注中曾引支道林之《逍遥论》："夫逍遥者，明至人之心也。庄子建言大道，而寄指鹏鷃，鹏以营生之路旷，故失适于体外，鷃以在近而笑远，有矜伐于心内。至人乘天正而高兴，游无穷丁放浪，物物而不物于物，则遥然不得，玄感不为，不疾而速，则逍然靡不适，此所以为逍遥也。若夫有欲当其所足，足于所足，快然有似天真，犹饥者一饱，渴者一盈，岂忘蒸于糗粮，绝觞爵于醪醴哉，苟非至足，岂所以逍遥乎！"支氏这段话之所以和向、郭注之不同，乃是他一开始就扣紧了"至人之心"，最后又申言"苟非至足，岂所以逍遥乎"，而批评那种只满足于片面的欲求，便以为逍遥自得的错误思想。

血脉里的庄子思想[1]。

关于庄子思想误解对后世的影响，虽然不像魏晋时期那样的显著，那样的尖锐，但却非常的普遍。我们就拿近代学人对庄子的了解来说，譬如冯友兰曾顺着向、郭的注来论庄子思想：

> 凡物皆由道，而各得其德，凡物各有其自然之性，苟顺其自然之性，则幸福当下即是，不须外求。《庄子·逍遥游》篇，故设为极大极小之物，鲲鹏极大，蜩鸠极小，鹏之徙于南冥也，水击三千里，抟扶摇而上者九万里，去以六月息者也，蜩与学鸠笑之曰："我决起而飞，枪榆枋，时则不至而控于地而已矣，奚以九万里而南为？"此所谓"故极小大之致，以明性分之适……苟足于其性，则虽大鹏无以自贵于小鸟，小鸟无羡于天池，而荣愿有余矣，故小大虽殊，逍遥一也"。物如此，人亦然。《逍遥游》云："故夫知效一官，行比一乡，德合一君，而征一国者，其自视也，

---

[1] 笔者在拙著《禅与老庄》一书中有《禅与庄子思想的比较》一章，详论两者之间的关系。

亦若此矣。"笛卡儿曰:"在人间一切物中,聪明之分配,最为平均,因即对于各物最难满足之人,皆自以其自己之聪明为甚丰而不求再多。"盖各人对于其自己所得于天者,皆极感满足也。(冯著《中国哲学史》第一篇第十章)

冯友兰在上面一段之后,又引证《马蹄》等《外篇》和《杂篇》的思想加以证明,接着在"自由与平等"一节中又说:

由以上观之,可知庄学中之社会政治哲学,主张绝对的自由,盖惟人皆有绝对的自由,乃可顺其自然之性而得幸福也。主张绝对的自由者,必主张绝对的平等,盖若承认人与人、物与物间,有若何彼善于此,或此善于彼者,则善者应改造不善者使归于善,而即亦不能主张凡物皆应有绝对的自由,故亦以为凡天下之物,皆无不好,凡天下之意见,皆无不对,此庄学与佛学根本不同之处。盖佛学以为天下之物皆不好,凡天下之意见皆不对也。(冯著《中国哲学史》第一篇第十章)

冯氏这一大段话，可以说是受向、郭《逍遥游注》错误所影响的代表作。关于他引用向、郭的注错解了庄子的逍遥境界，前面我们已加分析，此处不再赘述。至于他另外引证了笛卡儿的一段话，可说把向、郭的注更推进了一步，更推向错误之途。因为每个人"皆自以其自己之聪明为甚丰而不求再多"。这正是《庄子·逍遥游》中所描写蜩鸠的不识大鹏之大，而自我陶醉的想法。这是愚者的永愚、小者的恒小的原因所在。再者冯氏由绝对自由、绝对平等推出的"凡天下之物，皆无不好，凡天下之意见，皆无不对"的结论。当然就万物来说，我们在前面也曾论到物性之自然，没有价值因素，冯氏称它们皆无不好，也无可厚非。但"天下之意见，皆无不对"，因为意见就是小知、小见，是庄子眼中的儒墨之是非，各是其所非，而非其所是。《庄子·齐物论》就是针对这些意见的批评。如果把《齐物论》当作视天下的意见皆无不对，这不但完全违反了庄子的真精神，而且这种思想之浅薄，也为各家所同斥。试想，如果天下的意见都无不对的话，哪里还有庄子所谓真知。没有真知，又哪里有真人（《庄子·大宗师》："且有真人而后有真知"）。由此可见冯氏受了向、郭《逍遥游注》错解的影响，以致使他对庄子思想精神的了解全盘皆错。

以上只是一个例子罢了，当然近代学人对庄子误解的不在少数，如熊十力在《读经示要》上说：

> 胡适之以庄周为出世主义，其实，庄生颇有厌世意味，尚非出世也。庄氏最无气力，吾国历来名士，亦颇中其毒，魏晋人之流风，迄今未绝也。（《读经示要》卷二，98页）

魏晋名士所中的毒，不是庄子的毒，而是误解了庄子思想的毒。而熊氏认为庄子"最无气力"，也只见到庄子被误解的一面。如他在《读经示要》上说：

> 然语化虽妙，而不悟真体流行，其德本健，又复耽于观化，遂以委心顺化为悬解。《大宗师》云：浸假而化予之左臂以为鸡，予因以求时夜；浸假而化予之右臂以为弹，予因以求鸮炙；浸假而化予之尻以为轮，以神为马，予因以乘之，岂更驾哉！此等人生观，便荼然无自在力（熊氏自注：此中自在，略有二义，

一自主义，二自创义）。（《读经示要》卷二，77 页）

又说：

> 若庄子之言天，则视天化为无上之威力，吾人之生，只是天化中偶然之化耳。故曰阴阳于人，不翅于父母。则克就人言，只是天之化迹，且甚偶然，不得曰人即天也。吾谓其以变化之大力为外在者，此也。故《大宗师》曰：以生为附赘县疣，以死为决疣溃痈。据此，则人生毫无根柢，亦无甚意义与价值可言。唯委心任运，以度其附赘县疣之生，而待诸溃决已耳。庄子虽自云与天地精神往来，而其言化，毕竟自相矛盾，彼根本不悟人即天，而又欲以人同天，则其所谓同天者，亦只是委心顺化而已。人能不修，人极不立，是何足为道哉！圣人成能，以范围天地之化而不过，三千大千世界可毁，而此理不易也，庄子才过高，而于道，不可谓无实得，但其差毫厘，谬千里处，则有不可无辨者。（《读经示要》卷二，79 页）

熊氏上面两段话正是指出他认为庄子之所以最无力

气处。熊氏的观点是站在儒家的立场，当然庄子思想和儒家相比，稍嫌柔软。然而庄子并非如熊氏所谓"荼然无自在力"，更不是所谓"唯委心任运，以度其附赘县疣之生，而待诸溃决已耳"。如果是这样的话，纵使不流于悲观，也将流于宿命论，又如何能绝对地逍遥。其实庄子所谓虫肝鼠臂、附赘县疣之谈，只是指形体而言的。而庄子之逍遥并非自限于形体，以度其附赘县疣之生，相反的，乃是要超脱形体，"物物而不物于物"。在这里，却需要极大的自在力，而且这种自在力，正是在于自主，在于自创。庄子的精神就在于此，庄子的逍遥而游，也在于此。

第三章

从《逍遥游》一文看庄子逍遥的境界与工夫

《逍遥游》一文，就体裁来说可以分为三部分。

第一部分，从"北冥有鱼"开始，到"此小大之辩也"为止，都是借鲲鹏和蜩鸠的相形，来说明小大的分别。

第二部分，从"故夫知效一官"起，到"故曰至人无己，神人无功，圣人无名"为止，是本篇的正文、中心和结论。

第三部分，从"尧让天下于许由"起，到最后"无所可用，安所困苦哉！"这是借前人的故事，或今人的辩答，把第二部分的中心思想，再加以推衍和证明。

在分析此文之前，我们先就"寓言""重言""卮言"来看庄子立言的本意。在《寓言》中曾特别介绍这三种"言"说：

寓言十九，重言十七，卮言日出，和以天倪。寓言十九，藉外论之。亲父不为其子媒，亲父誉之，不若非其父者也；非吾罪也，人之罪也。与己同则应，不与己同则反；同于己为是之，异于己为非之。重言十七，所以已言也，是为耆艾。年先矣，而无经纬本末以期年耆者，是非先也。人而无以先人，无人道也，人而无人道，是之谓陈人。卮言日出，和以天倪，因以曼衍，所以穷年。……物固有所然，物固有所可，无物不然，无物不可。非卮言日出，和以天倪，孰得其久。

所谓寓言，就是不直接说明理由，而是借外物来曲予表达。在《庄子》书中，寓言占了十分之九，可见其地位的重要。不过我们要认清《庄子》书中所用的寓言，多半是用鲲鹏蜩鸠、鸱鸦狸狌、河伯海神、山灵水怪作例子。这些寓言虽然都有庄子的寓意，但言与意之间仍然有一大段距离。尤其寓言的主角都是物，所表现的是物性；而寓意的对象是人，所表现的是人性。因此我们究竟应该如何从《庄子》的寓言中，去把握《庄子》的寓意，这是读《庄子》最重要的一点。

　　所谓重言，是指借重前人的言论和故事，来证明庄子所要表达的思想。在《庄子》书中，重言占了十分之七，和寓言的地位相差无几。由十分之九和十分之七的比例看来，寓言和重言有大部分是重叠的。譬如《庄子》书中引证《老子》及其他许多道家的话是重言，但像"支离疏""叔山无趾"等故事，可以当作重言，也可以当作寓言。因此对于《庄子》的重言，我们也必须体会他的本意，却不可黏着在他假借的名言、故事上。

　　至于卮言，可以说是《庄子》整个立言的特色。凡是寓言和重言，也都是一种卮言。庄子自谓"卮言日出，和以天倪"。这是指《庄子》所有的话都是变化不居，层出无穷的。但却不是游谈无根，而是本于自然，法于天道的。这一点对于我们了解庄子思想极为重要。因为不仅《庄子》的寓言、重言之后有他的言外之意，就是他那些表面上看去似结论的话里，也另有其根本[1]。我们必须发

---

　　[1]　如《逍遥游》一文的三句最重要的结语："至人无己，神人无功，圣人无名。"表面上看去是在强调无己、无功、无名，其实是另有所造。这一点此文后面将有详论。

掘到这个根本，才不会产生误解。

看过了《庄子》的寓言、重言、厄言之后，现在我们接着去看《逍遥游》本文。

首先我们分析第一部分大鹏与小鸠的故事。

前一章，我们已指出向、郭注的错误，在把小鸠和大鹏相提，而忽略了庄子运用这则寓言，是借小鸠的无知，以写出俗人浅陋、不识大智的境界。正如《老子》所谓：

> 上士闻道，勤而行之，中士闻道，若存若亡，下士闻道，大笑之，不笑不足以为道。（第四十一章）

那么，这大鹏究竟代表什么样的境界呢？在这里却有两种看法，一种是认为大鹏即庄子的自喻，甚至就是真人的境界，如憨山的《逍遥游注》说：

> 海中之鲲，以喻大道体中，养成大圣之胚胎，喻如大鲲，非北海之大不能养也。鲲化鹏，正喻大而化之之谓圣也。

又说：

唯大而化之之圣人，忘我忘功忘名，超脱生死而游大道之乡，故得广大逍遥自在、快乐无穷，此岂世之拘拘小知可能知哉，正若蜩鸠斥鷃之笑鲲鹏也。主意只是说圣人境界不同，非小知能知，故撰出鲲鹏变化之事，惊骇世人之耳目，其实皆寓言以惊俗耳。

另一种是认为大鹏之高飞，还须待风，这与列子御风一样是有待的，因此大鹏不是庄子的自喻，更谈不上是真人的境界了。如张默生在《庄子新释》中说：

> 我们从这几句话中，就可看出庄子实在是泯除大小，对于世界万物一律视为平等的，但是有些讲《庄子》的人，竟将大鹏认为是庄子的自喻，那真是错看庄子了，你若看到本篇归结的正意时，庄子是一无所待，而游于无穷，而与道同体的，到那时，你若看到以有所待的大鹏自喻的话，那更是小看庄子了。

前面两种看法，可说都是持之有故，言之成理的。现在我们先从后一种看法说起。张默生所持最大的理由是大鹏的高飞，必须等待"海运"，必须"抟扶摇"，必须"去以六月息"，而后才能"培风"，才能"图南"，这分明是说有待。可是在《逍遥游》的第二部分，又明白地指出"夫列子御风而行，泠然善也，旬有五日而后反。彼于致福者，未数数然也。此虽免乎行，犹有所待者也"。显然这是有所待，并不是庄子所推崇的逍遥境界，因此以大鹏比之于列子，可见大鹏并非庄子的自喻，也非真人的逍遥境界。

然而问题并非如此简单。在庄子笔下所描写的大鹏，虽然在海运、徙于南冥，但这海运并非是小风，却是庄子所谓的六气之辩[1]。至于大鹏高飞时的水击三千里，抟扶摇而上者九万里，乃是直描大鹏的声势之大，这正和蜩鸠的决起而飞，"枪榆枋"形成强烈的对比，从小大之辩，以明蜩鸠的无知。从这一点来看，庄子之写大鹏乘风，与列子御风，其态度显然不同。再说大鹏所徙的南冥，是天池，是逍遥之境，大鹏到达南冥后，便可游于无穷。至于列子御风却不然，虽然泠然善也，但却是暂时的，只过了"旬有五日"便返。这与大鹏的境界相比，岂不正和只能

---

[1] 六气之辩，是指六气之变。六气依照司马彪的注解是"阴阳风雨晦明"，而海运是阴阳之变化，所以不是小风，而是六气之变。

在蓬蒿间跳跃的蜩鸠一样吗？

那么又何以见得列子的御风只能比之于蜩鸠呢？对于这一点，我们必须进一步分析《逍遥游》一文的第二部分。

这部分一开始就承接前文的"小大之辩"，提出在人世间所谓的小，是"知效一官，行比一乡，德合一君，而征一国者"。"知效一官"是指那些知识只能做一件事务的人，"行比一乡"是指那些行为只符合一乡要求的人，"德合一君，而征一国者"是指那些才德只为一君一国所赞誉的人。当然这在一般世俗或政治的眼光看来，已是很了不起啦。然而必须注意"一官""一乡""一君""一国"的这个"一"字。这个一就是一偏，而不是大全。善于这一方面的专家，不一定能胜任另一方面。今天社会上充满了这些专家，他们也都只是局限于某一方面而已，实在没有值得自豪的地方。同样，他的行为道德，为这一乡、这一君、这一国所称道的人，并不见得就为他乡、他君、他国所推崇。例如孟子所批评的乡愿便能"行比一乡"，及许多只替"国君辟土地"的法家便能"德合一君，而征一国"，这些人物都是庄子笔下的蜩鸠之类。

接着，庄子提出另一种人，他们和前一种人的做法不大相同，前一种人只重视外在，而这种人却转向内在，庄子以宋荣子为代表。他的境界是"举世而誉之而不加劝，举世而非之而不加沮，定乎内外之分，辩乎荣辱之竟"。关于宋荣子的生平思想，除了《逍遥游》之外，在《庄子》其他各篇中都没有提到，只有在《天下》中的宋钘，据刘师培等人的考证[1]，即是宋荣子，而宋钘的思想，和宋荣子的思想显然是一致的。《天下》的描写是：

> 不累于俗，不饰于物，不苟于人，不忮于众。愿天下之安宁以活民命，人我之养毕足而止，以此白心，古之道术有在于是者，宋钘、尹文闻其风而说之，作为华山之冠以自表，接万物以别宥为始，语心之容，命之曰心之行，以聏合欢，以调海内，请欲置之以为主。见侮不辱，救民之斗，禁攻寝兵，救世之战，以

---

[1] 蒋锡昌《庄子哲学》一书中说："刘师培云：'荣子即钘……《月令》"腐草为萤"，《吕纪》作蚈，是其比。'马叙伦云：'宋钘又即《孟子》之宋牼。荣、钘、牼，声同耕类。'锡昌按：在《荀子》《汉书》又称为宋荣。是宋荣子、宋钘、宋牼、宋子、宋荣均一人也。"

此周行天下，上说下教，虽天下不取，强聒而不舍者
也。故曰："上下见厌，而强见也。"虽然其为人太多，
其自为太少。曰："请欲固置五升之饭足矣！"先生
恐不得饱，弟子虽饥，不忘天下，日夜不休，曰："我
必得活哉，图傲乎救世之士哉！"曰："君子不为苛
察，不以身假物，以为无益于天下者，明之不如已也。
以禁攻寝兵为外，以情欲寡浅为内，其小大精粗，其
行适至是而止。"

从这段话看起来，所谓"不累于俗，不饰于物，不苟
于人，不忮于众"的境界，正和宋荣子的"举世而誉之而
不加劝，举世而非之而不加沮"的态度相似，"见侮不辱，
救民之斗""以禁攻寝兵为外，以情欲寡浅为内"，正是宋
荣子的"定乎内外之分，辩乎荣辱之竟"。由此可见《逍
遥游》中的宋荣子即使不是宋钘的话，至少也是宋钘、尹
文一派人物的思想路线。这派思想的精神，就是从自己的
心上做工夫，一方面使自己的心不受外物的干扰，达到不
动心的境界。一方面是用平等、容忍、寡情的方法，消弭
争端。这两种态度颇似道家的作风，为什么庄子却批评他

们"其小大精粗，其行适至是而止"呢？

如果我们仔细分析前面两种态度，前者只是貌近道家，后者却是偏于墨家。我们先看第一种态度，这种不动心的方法，正是《孟子》书中所批评告子的不动心：

> 曰：敢问夫子之不动心，与告子之不动心，可得闻与？告子曰：不得于言，勿求于心，不得于心，勿求于气。不得于心，勿求于气，可；不得于言，勿求于心，不可。夫志，气之帅也，气，体之充也。夫志至焉，气次焉。故曰：持其志，无暴其气。……其为气也，配义与道，无是，馁也。是集义所生者，非义袭而取之也。行有不慊于心，则馁矣，我故曰告子未尝知义，以其外之也。(《公孙丑上》)

由上面一段话看来，告子的不动心，只做到内外隔绝，使外在的一切无法影响内心，而使心不动。这种不动心，在孟子的眼中，只是纯粹在气上做工夫，而未能深造于道，由道来使气，这就同神秀一派的方法是"住心观净""长坐不卧"，而被主张先求心悟的慧能一派批评为"是病非禅"[1]。所以告子的不动心仍然是勉强的。庄子描写宋荣子的"举世而誉之而不加劝，举世而非之而不加沮"，就正是这种不动心的境界。再看第二种态度，《天下》中宋钘的"见侮不辱，救民之斗……其为人太多，其自为太少"，显然类似墨家的作风。《逍遥游》中宋荣子的"辩乎荣辱之竟"，虽然在该文中没有进一步解释，但宋荣子如果是属于宋钘一流的话，那么所谓"辩乎荣辱之竟"，是指的"见侮不辱"，而"见侮不辱"一方面是制心不动，一方面是为了救民之斗。总之这都是勉强而为。所以站在庄子的立场，便要批评他们"犹有未树"，"适至是而止"。

庄子的这种批评，并非是指他们完全错误，而是认为他们用意未尝不善，只是没有把握住重点，因此未能臻于化境。至于这个重点是什么，我们暂且留待以后分析。现在再看看庄子在批评了宋荣子之后，是否提出较高的境界。他接着说：

---

[1] 《六祖坛经·顿渐品》："师（慧能）曰：'汝师（神秀）若为示众？'（志诚）对曰：'常指诲大众，住心观净，长坐不卧。'师曰：'住心观净，是病非禅。长坐拘身，于理何益。听吾偈曰：生来坐不卧，死去卧不坐，元是臭骨头，何为立功课。'"

> 夫列子御风而行，泠然善也，旬有五日而后反。
> 彼于致福者，未数数然也。此虽免乎行，犹有所待
> 者也。

这段话对于列子的描写非常模糊，因为单从"御风而行"
中我们看不出列子的思想究竟如何，但如果我们把《庄
子》书中对于描写列子的话作一归纳，却可以有一个概略
的认识：在《庄子》书中提到列子或列御寇的，除《逍遥
游》一文外，尚有六处。如：

> 列子见之而心醉，归以告壶子……然后列子自以
> 为未始学而归，三年不出，为其妻爨，食豕如食人，
> 于事无与亲，雕琢复朴，块然独以其形立，纷而封戎，
> 一以是终。(《应帝王》)
>
> 列子行食于道，从见百岁髑髅，攓蓬而指之曰：
> "唯予与女，知而未尝死，未尝生也，若果养乎，予
> 果欢乎？"(《至乐》)
>
> 子列子问关尹曰："至人潜行不窒，蹈火不热，
> 行乎万物之上而不栗，请问何以至于此？"关尹曰：
> "是纯气之守也，非知巧果敢之列，居，予语女……"

（《达生》）

列御寇为伯昏无人射，引之盈贯，措杯水其肘上，发之，适矢复沓，方矢复寓，当是时，犹象人也。伯昏无人曰："是射之射，非不射之射也。尝与汝登高山，履危石，临百仞之渊，若能射乎？"于是无人遂登高山，履危石，临百仞之渊，背逡巡，足二分垂在外，揖御寇而进之。御寇伏地，汗流至踵。伯昏无人曰："夫至人者，上窥青天，下潜黄泉，挥斥八极，神气不变，今女怵然有恂目之志，尔于中也殆矣夫。"（《田子方》）

子列子穷，容貌有饥色，客有言之于郑子阳者曰："列御寇，盖有道之士也，居君之国而穷，君无乃为不好士乎！"郑子阳即令官遗之粟，子列子见使者，再拜而辞……（《让王》）

列御寇之齐，中道而反，遇伯昏瞀人。伯昏瞀人曰："奚方而反？"曰："吾惊焉。"曰："恶乎惊？"曰："吾尝食于十餐，而五餐先馈。"伯昏瞀人曰："若是，则汝何为惊已？"曰："夫内诚不解，形谍成光，以外镇人心，使人轻乎贵老，而整其所患。夫餐人特为食羹之货，多余之赢，其为利也薄，其为权也轻，而犹若是，而况于万乘之主乎？身劳于国，而知尽于事。彼将任我以事，而效我以功。吾是以惊。"伯昏瞀人曰："善哉！观乎！汝处已人将保汝矣！"无几何而往，则户外之屦满矣。伯昏瞀人北面而立，敦杖蹙之乎颐，立有间，不言而出，宾者以告列子。列子提屦跣而走，暨乎门，曰："先生既来，曾不发药乎！"曰："已矣！吾固告汝曰：人将保汝，果保汝矣。非汝能使人保汝，而汝不能使人无保汝也。而焉用之，感豫出异也。必且有感，摇而本才，又无谓也。与汝游者，又莫汝告也。彼所小言，尽人毒也。莫觉莫悟，何相孰也，巧者劳而智者忧，无能者无所求。饱食而遨游，泛若不系之舟，虚而遨游者也。"（《列御寇》）

从以上六段征引中，可以看出在庄子笔下的列子，是一个求道之士。他虽然不像一般人只求"知效一官，行比一乡，德合一君，而征一国"，也不像宋荣子那样的见侮不辱、以救民之斗，他所醉心的似乎是郑巫季咸、壶子、伯昏瞀人等有相人之术的方士之流。而他自己的境界犹不及壶子、伯昏瞀人，常被他们批评为"怵然有恂目之志，尔于中也殆矣夫""必且有感，摇而本才"。也就是指他内心没有切实的工夫，不够深沉，易形于外。正是他自认的"内诚不解，形谍成光"，也就是内心的真纯未达化境，使威仪外泄。所以他自从见了壶子后，便苦练三年，但其境界仍然只是"食豕如食人，于事无与亲，雕琢复朴，块然独以其形立，纷而封戎，一以是终"。

从这里，我们可以看出列子在《庄子》书中所扮演的角色，只是一个求道者而已，并且他所求的道，偏于方术，离真人的逍遥境界，实在还差了一大段距离。所谓"列子御风而行，泠然善也"，显然和大鹏的"抟扶摇而上""去以六月息"不同。因为大鹏是物，大鹏乘风，这是它的自然现象，而列子是人，他所凭借的是人性。如果他要乘风，即使"泠然善也"，但这毕竟是方术，不是久长之道，所以只能"旬有五日"而返。庄子说他"虽免乎行，犹有所待者也"，即在于此。

就"有待"的尺度来衡量，无论是列子、宋荣子，或只求合一官、一乡、一君的一般人，都是一种"小"，都不能逍遥而游。那么只有无待才能逍遥？但究竟怎样才是无待呢？庄子说：

> 若夫乘天地之正，而御六气之辩，以游无穷者，彼且恶乎待哉？故曰："至人无己，神人无功，圣人无名。"

这一段话可以说是《庄子·逍遥游》一文的中心旨趣所在。从表面上看，庄子好像认为人之能否逍遥，决定于他是有待还是无待。然而问题并不如此简单。由于庄子的理论都是些卮言——层出不穷的话，因此我们不应执着字面的解释，而应深一层地去体会。就拿有待和无待来说，固然无待胜有待，真正的逍遥必须是无待的，但什么又是无待呢？无待就境界来说，很难加以界定。假如这个"待"是指的凭借、依靠的话，虽然像"知效一官""行比一乡""德合一君，而征一国者"，是凭借、依靠于外的，宋荣子的"定乎内外之分，辩乎荣辱之竟"，是凭借、依靠于内的，列子的"御风而行"，是凭借、依靠于方术的。但无待的逍遥者，其"乘天地之正，而御六气之辩"，是否也有一种凭借和依靠呢？要解答这个问题，必须从两方面来探讨：

首先我们要了解什么是"天地之正""六气之辩"，按照向、郭的注：

> 乘天地之正者，即是顺万物之性也；御六气之辩者，即是游变化之涂也。如斯以往，则何往而有穷哉！所遇斯乘，又将恶何待哉！

向、郭的注尚称简明扼要，但这只是就境界来说的。因为境界是不落实际的，无论如何描写，皆不可，也皆无不可。如果我们再进一步去问，要如何才能乘天地之正，御六气之辩？在这里我们必须暂时丢开境界不谈，从另一方面来看看达到逍游的工夫。

在《庄子·逍遥游》一文中，谈工夫处，似乎只点到一个"无"字，所谓"至人无己，神人无功，圣人无名"。而该文第三部分，所举的许多例子，如"尧让天下于许由""藐姑射之山，有神人居焉"，以及惠子和庄子谈论到有用无用的话，可说都是借这些故事，以说明"至人无己，神人无功，圣人无名"。所以宣颖在《逍遥游》一文的前面便直截地注说：

> 不知逍遥游三字，一念不留，无入而不自得，是第一境界也。一尘不染，无时而不自全，是第一工夫也。……故《逍遥游》凡一篇文字，只是至人无己一句言语。至人无己一句，是有道人第一境界也，语惠子曰：何不树之无何有之乡，广莫之野，彷徨乎无为其侧，逍遥乎寝卧其下，是学道人第一工夫。

宣氏能以"至人无己"一语，点出《逍遥游》的第一境界，可说是画龙点睛之笔。但他用最后一段话的无为、无事、无用来说明第一工夫，却大有问题。

笔者之所以认为宣氏说工夫处有问题，是有感于历代很多学者未能分清境界和工夫的不同，往往以境界为工夫，使他们所描写的工夫，和境界一样不落实际，毫无着力处。所谓"树之于无何有之乡，广莫之野，彷徨乎无为其侧，逍遥乎寝卧其下"，这是达到境界后的现象，而不是通向这境界的工夫。因为要讲工夫，便必须有一套切切实实的方法。譬如《中庸》里面谈到诚字：

> 诚者，天之道；诚之者，人之道。诚者，不勉而中，不思而得，从容中道，圣人也。诚之者，择善而

固执之者也。博学之、审问之、慎思之、明辨之、笃
行之。（第二十章）

所谓"诚者，天之道"，是就境界而言的，"不勉而中，不
思而得，从容中道"是描写境界的。不是说不勉、不思就
能诚，就是圣人，而是说达到圣人，便能不勉而中，不思
而得。所谓"诚之者，人之道"，是就工夫而言的。虽然
境界的"诚者"，工夫的"诚之者"，都有一个诚字，但在
工夫上，便必须讲"择善固执"，便必须讲"博学之、审
问之、慎思之、明辨之、笃行之"的切实方法[1]。同理，
庄子的逍遥境界，也自然有一套切实的工夫。

　　在谈到庄子逍遥境界的工夫前，我们还必须说明工
夫与境界之间的关系。依笔者的看法，对应于境界的工夫
有两种：一种在尚未达到境界之前，是通向此一境界的工
夫；一种在达到境界之后，是具此境界所表现的功力。可
是很多人只注重后者，而忽略了前者，实际上，前者才是
真正的工夫。没有前者，就没有后者。现在我们就拿《逍

---

　　[1]　笔者拙著《中庸诚的哲学》一书中，曾有一章专门讨论诚字
的工夫。

遥游》一文中被认为是结论的三句话来看：所谓"至人无己，神人无功，圣人无名"的无己、无功、无名，是指达到境界后的表现，最多只能指具有此境界之后的工夫，而绝不是通向这境界的工夫。因为唯有至人才能无己、神人才能无功、圣人才能无名。而只做到无己、无功、无名，却并不就是至人、神人、圣人。否则社会上那些浑浑噩噩的人，他们迷失了自己，他们不求功，也不求名，岂非都成了至人、神人和圣人了吗？所以无己、无功、无名，并不是使我们成为至人、神人、圣人的方法。在造就成至人、神人和圣人之前，还须有一段切实的修持工夫。这个工夫，依笔者的看法，却是有己、有功和有名，唯其有己之后，才有"己"可无；有功之后，才有"功"可无；有名之后，才有"名"可无。否则，本身都无存在的价值，根本不配谈无己；本身毫无作用可言，根本不配谈无功；本身没有一点值得人赞誉之处，根本不配谈无名。所以要达到"至人无己，神人无功，圣人无名"之前，第一工夫，乃是先要有己、有功和有名。

写到这里，我们可以转回来再看看庄子在开端便提出的那只大鹏了。

在前面我们曾说过，庄子笔下的大鹏只是一种寓言。我们固然不能把大鹏完全比作至人，因为大鹏所代表的是物性，我们不能黏着在物性上，而限制了人性的开展；但寓言都有其寓意，每个寓言中都有庄子的精神。因此大鹏也可看作庄子的自喻（喻其心意），至少，以笔者的看法，大鹏从鲲变化而来，直飞向天池的这一段历程，正可以代表成就至人、神人、圣人境界前的一段工夫。现在我们就要以大鹏为例，来谈谈这段工夫。

"北冥有鱼，其名为鲲。鲲之大，不知其几千里也。化而为鸟，其名为鹏。"这开端的几句话中，最重要的是一个"化"字。一般都把这个化字解成变化，当然并不错。但以笔者的看法，这个化字除了变化的意思外，更有升华的意思。变化是平面的转换，升华则是向上的提升。在物理现象上，只有从鱼子变为大鱼，无论如何变，都在水中。现在鲲变为鹏，从水生的鱼类，跳过了陆生的动物，而成为空中的飞禽，这完全是升华的作用。升华的作用在自然界的现象不多，物理学上是指升汞、碘、樟脑等固体物质，在熔点接近沸点时，直接由固体，不经过液体的阶段，而变为气体。鲲变为鹏虽然在物理现象中没有这例子，但这只是寓言，寓言中的寓意，就是要打破物质的拘限，揭出人性的开展。

就普通的变化来说，从鱼子变为小鱼，由小鱼变为大鱼，是非常平顺的；但从鲲化为鹏却不然。唯有"鲲之大，不知其几千里也"，才能化为"背不知其几千里也"的鹏。也就是说鲲化为鹏之前，它本身必须蕴积丰富。很多注《庄》的人，认为鲲是鱼子。如方以智说："鲲本小鱼，庄子用为大鱼之名"，罗勉道说："庄子乃以至小为至大，此便是滑稽之开端"。其实庄子此处并非是在制造滑稽，而是有其甚深的、严肃的意义的。

把鲲鹏拿来象征人世，鲲化为鹏的历程，说明了一个人在成为至人、神人或圣人之前的一段修炼工夫。这条鲲在北冥中，由小变为大，正同我们在人世间的求学与奋斗，唯有一点一滴的努力，才有一点一滴的成就。也唯有一点一滴的成就，才使我们慢慢地经验丰富了、知识渊博了、意志坚强了，而变成一位巨人，从世俗中脱颖而出。至于大鹏的"水击三千里，抟扶摇而上者九万里，去以六月息"，正象征了这位巨人因蕴积丰富所发出来的威势，他的气魄、他的见解、他的理想，都不是世俗的小知小慧所能了解的。

在这里，我们所得到的启示是：这只大鹏最后能在天池中逍遥，不是一蹴可几的，而是经过了长时间的默默的耕耘，经过了不少动人的遭遇。同样，我们要想逍遥而游，绝不是像那些小鸠一样，对眼前的一切感觉满足、自我陶醉，便是逍遥。从这个启示中，我们更进一步地了解了，逍遥的境界，固然是无待的，但达到逍遥境界的工夫，却必须从有待做起。只是有待而不拘限于有待，最后能把有待化为无待。譬如说：先要有己，能充实自己，完成自己，然后，再放弃自己的偏见、私执，这便是至人。先要有功，能有利社会、造福人群，然后，再生而不有，为而不恃，这才能配称神人。先要有名，能立德、立功、立言，作人类的模范，然后再舍弃虚名，不以名累实，这样才算是圣人[1]。

从以上所述，我们对于庄子逍遥的境界将有以下几点认识：

1. 我们对庄子的大鹏之喻，固然认为是庄子借大鹏来表达自己的豪情壮志，以反衬世俗之小知小见；但我们更要认清大鹏毕竟是寓言中的一物，不能黏着在物性上，而忽略了人性的向上、向前的无限开展。

2. 庄子逍遥的境界，固然在无待，但其工夫，却不离有待。无待的真意，不是流于虚无，而是把有待加以净化，加以升华，以揭开人性的无限开展。如果我们按照《庄子》"至人无己，神人无功，圣人无名"三句话，把它

---

[1] 由于这个原因，所以庄子在"圣人无名"之后，便接着引出"尧让天下于许由"的一大段故事。在这段故事上，粗看，好像许由是主角，庄子借许由来讽刺尧。精读之后，我们会发现，尧才是真正的主角。因为在历史上尧是公认的圣人，许由是一个隐士，而且喜欢索隐行怪，忸怩作态，所以在庄子的境界上，许由也算不上至人、真人之流。庄子在这段话中，只是拿许由来激发出尧虽然做了君王圣主，但却虚怀若谷，要把功位让给许由。可见尧的表现，正是"圣人无名"的写照。在《庄子》书中这些故事，是重言，也是寓言。我们读起来，必须把握住言外之意，否则便易因误读而误解。

们作一公式如下：

有己而后可以无己、无己而后见真己

有功而后可以无功、无功而后成大功

有名而后可以无名、无名而后得实名

3.《庄子·逍遥游》一文，都是就境界上来说的。后世许多读《庄》的人，似乎只注意到境界，认为庄子思想如何洒脱、如何不羁，他们误境界为方法，只求无己、无功、无名，而不知庄子逍遥的境界背后，有切实的修炼工夫。但这种工夫，在《逍遥游》一文中没有点破，而是散见于其他各篇中。

第四章

从知以入逍遥之境

在庄子思想中，达到逍遥境界的路线有两条，一条是走知的路，一条是走德的路。走知的路，是破小知以求真知；走德的路，是舍小德以求至德。这也正是笔者认为庄子逍遥境界的两大工夫。

知和德，可说是导演了中西哲学史演变的两个最主要的角色。在西方，自苏格拉底开始，直到今天的最新的学派；在中国，自孔子开始，直到今天的最新的思潮，几乎都跳不出它们两者的范围。尤其知和德之间的关系，似情人，又像冤家，恩恩爱爱、风风雨雨地闹了整整两千多年，仍然是一个理不清的问题。

庄子对于知和德，有他特殊的看法。知和德在庄子思想中，也有其特殊的作用。

现在我们就先看看庄子是如何从知之路以达逍遥的

境界的。

一、庄子所谓的知

在谈到庄子对知的看法之前，我们先就中西哲学上的"知"作个概括性的了解。

在西方哲学上的知，都是偏于知识（Knowledge）方面的。拿哲学一词来说，西方的"Philosophy"原是指"爱知"的意思，而这个知却是偏于外在的知识，因此西方哲学的爱知，实际上是一种思索，一种向外的探讨。古代希腊史家黑洛独托斯（Herodotus）最先运用哲学（Philosophia）一词时，便是当作动词用的思索的意思。后来动词转为名词，但思索的特质却不变。此后在西方哲学上，不用说是知识论，就连形上学，都脱不了这种向外探讨的思索的路线。

在中国哲学上的知，却不然，都是偏于智慧（Wisdom）方面的。就拿我们用以翻译"Philosophy"的哲学两字来说，我们的"哲"字，虽然《尔雅》训为"智"，但这个"智"却不是外在的知识。《尚书·皋陶谟》上说："知人则哲"，这正说明了中国哲学的特质与西方哲学的不同，西方的哲学重在知物，而中国的哲学却重在知人。知人属于智慧。这是从经验中提炼出来的，是反观内心，推己及人的。

当然，我们并非武断地认为西洋哲学全部是研究知识，中国哲学全部是一种智慧。以上的分别，只是就比较上来说的。在西洋哲学里，古代的像苏格拉底、柏拉图、亚里士多德、圣托马斯；近代的，像笛卡尔、康德、柏克森等，也都有他们伟大的智慧。在中国哲学里，不仅墨家、名家非常重视知识，就是儒家也不废弃知识。不过他们之所以不同，乃是由于前者着重在知识，由知识的升华，而得到智慧；后者着重在智能，由智能去提升知识，运用智识[1]。

在这里我们更要进一步说明，西方哲学偏重知识的路，如果能够走得通，由知识而智能，未尝不能裨益人生；但如果只黏着在知解上，以知识为限，则易流于观念的游戏。同样，中国哲学偏重智慧的路，如果不耽于

---

[1] 笔者在拙著《中庸诚的哲学》一书中曾强调《中庸》之诚字可以把知识化为睿智。

玄虚，而能善用知识，则更能利用厚生。但如果完全摒绝知识，落入顽空，则非但无益，反而有害[1]。因此，从这里我们可以看出，无论是知识也好，智能也好，都必须沟通。虽然在层次上，知识为低，智能为高，在过程上，知识在先，智能在后，尤其在境界上，智能有时要扬弃知识；但智能并非和知识毫不相关。所谓扬弃，并不是一开头就抛弃，而是在知识的路上走到某一境界之后才升华的[2]。

我们之所以要作上面的说明，与庄子对知的看法极有关系，因为庄子是纯粹走智的路。他和惠施之间不断地辩论，就是由于惠施所走的是知识的路，和庄子的思想形成显明的对照。譬如《秋水》说：

---

[1] 关于这一点，宋明理学家，如朱子、阳明批评得很多，笔者在《中庸诚的哲学》一书中曾说："佛家思想，尽管在形而上方面非常精妙，但一触及现实生活，总免不了流于空寂和支离。"

[2] 譬如禅宗是标明扬弃知解的，但并非一开始就否定了知解，而是在知的探索，到了某一境界后，才弃知解而悟入。所以禅宗在证悟之前，也须读经，以助知之提升；在证悟之后，还须读经，以助悟之再造，不流于偏空。

庄子与惠子游于濠梁之上。庄子曰:"儵鱼出游从容,是鱼乐也。"惠子曰:"子非鱼,安知鱼之乐?"庄子曰:"子非我,安知我不知鱼之乐?"惠子曰:"我非子,固不知子矣!子固非鱼也,子不知鱼之乐,全矣!"庄子曰:"请循其本。子曰'女安知鱼乐'云者,既已知吾知之而问我,我知之濠上也。"

庄子和惠施之间的不同乃是因惠施只重视别,认为人与物无法沟通,而庄子却重视同,认为人与物可以相通。如果完全以知识或逻辑的观点来看,这场辩论惠施占上风;如果就智慧或形而上的观点来看,却是庄子境界较高。

由此我们可以看出庄子的思想是要追求智能,而扬弃知识的[1]。在《庄子》全书中,论知的地方很多,我们把它们概括起来,有以下的关系:

$$知(智慧)—知(知识)\begin{cases} 外物的知 \\ 人事的知 \end{cases}$$

(表二)

按照层次来说,有两种:上一层是智能,下一层是

---

[1] 此处知识是与智能相对而言的,所以是指小知。

知识。上一层就是庄子常说的大知、真知，如：

（一）小知不及大知（《逍遥游》）

（二）大知闲闲（《齐物论》）

（三）且有真人而后有真知（《大宗师》）

下一层就是他所谓的小知，如：

（一）小知不及大知（《逍遥游》）

（二）小知间间（《齐物论》）

以上所举的例子，只是就他标明大知、小知而言的。在全书中其他的地方，都只谈一个知字，但我们可以按照上下文的意义，判定它属于大知或小知，如：

（一）知通于神（《天地》）

（二）知大一（《徐无鬼》）

（三）心彻为知（《外物》）

像这一类的知，当然是属于大知或真知。又如：

（一）知也者，争之器也（《人间世》）

（二）知为孽（《德充符》）

（三）圣人不谋恶用知（《德充符》）

像这一类的知，当然是属于小知了。

在表二内，知识一栏下，我们分成了两部分，一部分是对物的知，也就是西方哲学和科学上向外探讨的知识，如：

（一）子知物之所同是乎（《齐物论》）

（二）知也无涯（《养生主》）

（三）知量无穷（《秋水》）

关于这方面的知，庄子论到的并不多，而且就另一观点来说，也都和人事问题有关的。第二部分是人事上的知，中国哲学上的知，可说多半偏于这方面，在《庄子》书中的知，百分之九十都是这一类型的知，如：

（一）知谋不用（《天道》）

（二）知忘是非（《达生》）

（三）明乎礼义而陋于知人心（《田子方》）

明了庄子所谓知的大概范围之后，我们再进一步去看看小知和大知有何不同。

二、小知的形成

在《逍遥游》一文中，一开头便借鹏鸠的譬喻，提出"小知不及大知"的警句。然而何以小知不及大知呢？这是因为小知本身的问题。庄子曾替小知的知写下定义说：

> 知者，接也；知者，谟也。（《庚桑楚》）

现在我就以这两个定义，看看小知是如何形成的。

（一）知者，接也

所谓"接"，就是与外界相交。在佛学上，是指"触""受"的作用。在西方哲学上，正是经验主义所强调的知识来自经验。庄子对于一般的知识，也认为是与外界相交而成的。对于这种知识的缺点，我们归纳《庄子》书中所论，可以分为两部分：

1. 外物无定性

知识既然是与外物相交而成的，那么能知往往依赖于所知。所知是外界的对象，它的变化莫测，它的发展无穷，因此以能知去探讨所知，永远也无法得到真知，如庄子说：

> 夫知有所待而后当，其所待者特未定也。庸讵知
> 吾所谓天之非人乎？所谓人之非天乎？（《大宗师》）

"知有所待而后当"的意思是说我们的知识必须能知和所
知完全一致，才是真确的。而"所待者特未定"，也是说
能知和所知之间无法完全一致。至于其所以无法一致，原
因有二。如果所知是属于物类的话，是由于物量无穷，如
《秋水》中的描写：

> 吾在于天地之间，犹小石小木之在大山也。方存
> 乎见少，又奚以自多。计四海之在天地之间也，不似
> 礨空之在大泽乎？计中国之在海内，不似稊米之在大
> 仓乎？号物之数谓之万，人处一焉。人卒九州，谷食
> 之所生，舟车之所通，人处一焉，此其比万物也，不
> 似豪末之在于马体乎！

人在天地之间，犹稊米之在大仓，又如何能穷尽宇宙万物
之理？就拿今天的科学技术来论，在大的方面说，对整个
太空的奥妙，所知恐怕还不到几万分之一，而且究竟是否
正确，尚需最后有全面的知识才能断定；在小的方面说，

从原子、中子、电子，将来是否可分成再小的粒子，或是另一种没有质的波动，虽然至今尚未敢论定 [1]，但必有更新的见解，则可预言。今天的科学技术对外物的所知已是如此，更何况庄子的时代？

第二种原因，是由于万物的变化莫测。庄子曾说：

> 物之生也，若骤若驰，无动而不变，无时而不移。
> （《秋水》）

这是写外物无时不动，无时不变，而我们的知性却往往要把握其固定的现象，必然是徒劳无功的，正如庄子所说：

> 乐出虚，蒸成菌，日夜相代乎前而莫知其所萌，已乎！已乎！旦暮得此，其所由以生乎！（《齐物论》）

在今天科学技术极发达的时代，对于宇宙变化的规律，仍然无法确定。譬如一九二七年，海森堡发表他的不

---

[1]　光究竟是微粒或是一种波动，这在物理学上是一个至今尚未解决的问题。虽然两者的理论完全相反，然而他们都有可靠的实验，都能解释事实。最有趣的是今天物理家们也都承认唯有同时断定光是微粒，又是波动，才能了解光的本质。

定原理说：

> 一粒子能够保持其位置，或能确定其速度，然若
> 两者同时具备，则在任何严格意义之下都是不能的。

每一物在空间上，都有位置，在时间上，都有变动。可是一个电子的位置愈确定，变动的速度愈难知，相反的，愈精细测量速度，对位置的观念却愈模糊[1]。这也就是说明了宇宙变化的无定性。以精细的科学技术尚且如此，更何况人心之知呢？

2. 人事无定论

我们对外界的认识，除了物质之外，最主要的是人事，物性比较单纯，已是如此，更何况复杂的人事。人事之难知，依据庄子的看法主要有两个原因。

一为是非无标准，庄子说：

---

[1] 因为我们肉眼不能见电子，普通的亮度也无法见到电子，必须用激光线中的伽马射线来照明，可是等伽马射线一射到电子时，已把电子打动了，因此速度就变了。所以我们要测量电子时，速度就无法把握。相反的，我们如果要想获得它本身的速度，就不能用伽马射线，因此我们就无法看到一个电子的精确位置。

　　既使我与若辩矣，若胜我，我不若胜，若果是也，
　我果非也邪！我胜若，若不吾胜，我果是也，而果非
　也邪！其或是也，其或非也邪！其俱是也，其俱非也
　邪！我与若不能相知也，则人固受其黮闇，吾谁使正
　之……然则我与若与人俱不能相知也，而待彼也邪！
（《齐物论》）

当然这里的是非是指一般人事上的是非，是指辩者争论上
的是非，这些是非都是"以是其所非，而非其所是"，并
没有一定的标准。在这里我们千万不能误会了庄子的意
思，认为庄子是怀疑论者[1]，否定了一切的知识。其实庄
子所追求的是"真知"。他只是认为在人事上的认识，并
不能构成真知。

　　其次为成毁不可测，庄子说：

---

　　[1]　怀疑论的思想至少有两个特点：一是否定一切知识，认为宇
宙间没有真理。一是认为人与外物（包括了人与人、人与物）之间无
法沟通。但庄子只是认为下一截的知识不可靠，对于上一截的真知却
是大肯定的，同时庄子"万物与我为一"的思想，正是强调我与万物
可以沟通，所以庄子绝非怀疑论者。

> 其分也，成也；其成也，毁也；凡物无成与毁，复通为一。(《齐物论》)

这虽是就物而言，但人事更是如此。我们都追求成功，可是往往求全反毁。因为"祸兮，福之所倚；福兮，祸之所伏"(《老子》语)，人事的变幻莫测，眼前的成功，也许造成了将来的失败；现在的挫折，却未尝不是未来幸福的基础。庄子曾举了个故事说：

> 支离疏者，颐隐于齐，肩高于顶，会撮指天，五管在上，两髀为胁，挫针治繲，足以糊口，鼓筴播精，足以食十人，上征武士，则支离攘臂于其间，上有大役，则支离以有常疾不受功，上与病者粟，则受三钟与十束薪，夫支离其形者，犹足以养其身，终其天年，又况支离其德者乎！(《人间世》)

在形体上有残缺，这很明显的是一种"毁"，但在另一方面却有所成，能养其身，终其天年。更何况人事上的变幻莫测[1]？

（二）知者，谟也

所谓"谟"，按章炳麟的注是"谟摹同，想也，思也"。前面"知者，接也"，是指与外物相交，对外界的认识，这是偏向于外的。而"知者，谟也"，是指由内向外的思索，这是偏向于内的。在这里，笔者以为庄子的这个"谟"，并不是单纯的摹写、思想而已，其中还有欲望的成分。我们试看庄子的论知，并不像西方经验主义者，如洛克、休谟等人，只把知看作一种外物的翻版、投影而已。庄子认为：

> 且若亦知夫德之所荡，而知之所为出乎哉！德荡乎名，知出乎争。名也者，相轧也。知也者，争之器也。二者凶器，非所以尽行也。（《人间世》）

可见庄子把"知"字看作争之器。在《庄子》书中也常把

---

[1] 庄子的这个故事，只是一则寓言。寓言另有其寓意。如果黏着字面上，以为庄子在歌颂支离疏丑陋的形体，及他因丑陋的形体，反而能苟全性命的幸运，这是一大误解。庄子的寓意，乃在歌颂道德，要我们专注道德，而不必重视形体的残缺，以及拘束于不必要的小节。

知字和谋字合用，如：

> 圣人不谋恶用知（《德充符》）
>
> 知谋不用（《天道》）
>
> 知者谋之（《让王》）
>
> 不谋于知（《天下》）

由此可见庄子的这个"谟"字，除含有摹的作用外，也有"谋"的意思。现在我们就看看这个"知者，谟也"的知，何以陷于小知，而不见真知？

1. 思想之所困

庄子在《齐物论》中，一开端所描写的"万窍怒号"，就是影射各家思想的争辩。其实万窍之怒号，并不是由于宇宙的大气本身有这么多声音，而是这些窍穴因自己有方圆、凹凸的不同，而产生了万籁。人世间思想的争辩也是如此。大道只有一个，可是思想家们由本身的气质、习性及受教的不同，因此只看见道的一偏，于是仁者见仁，智者见智，而有各种理论。正如庄子所说：

> 井蛙不可以语于海者，拘于虚也；夏虫不可以语

于冰者，笃于时也；曲士不可以语于道者，束于教也。
（《秋水》）

所谓"束于教"者，就是受既成观念的束缚，而不自觉地戴着有色眼镜去看一切。这也就是庄子所说的"道隐于小成"。小成是小有成就，偏于一面。譬如在儒家思想方面，只能通一经，便以为得儒家的真传。其实即使能通儒家所有的经典，而不能参照其他各家思想，恐怕对于儒家思想也不会深入。同样对于道家思想，如果只及于老庄，而不能融会儒家，也必失于一偏[1]。这些都只是小成，小成而自以为是，不求大成，就是小知。

2. 欲念之所困

知识的构成，不只是单纯的一种认识作用而已，它时时会夹杂了欲念。佛家对这个"识"字的定义是"了别"。"了别"就是分别外境的作用，而这作用依据佛家的看法，

---

[1]　其实孔孟思想本身就有道家思想的境界，如孔子赞美无为，孟子歌颂"圣而不可知之之为神"；老庄思想本身也有儒家思想的精神，如老子强调慈和谦，庄子高唱内圣外王。而后人研究儒家或道家，只讲门户，自然会陷于一偏，而成为孔孟老庄的罪人。

就是由欲念所操纵的，所以佛家的智慧就是要转识，去掉分别之心。庄子在这方面的见解和佛家是一致的，他在《齐物论》中曾描写人类的心理说：

> 其寐也魂交，其觉也形开，与接为构，日以心斗。缦者、窖者、密者、小恐惴惴、大恐缦缦。其发若机栝，其司是非之谓也；其留如诅盟，其守胜之谓也；其杀若秋冬，以言其日消也；其溺之所为之，不可使复之也；其厌也如缄，以言其老洫也；近死之心，莫使复阳也；喜怒哀乐，虑叹变慹、姚佚启态。

这一大段话就是描写人与物相交，即是"与接为构"的时候，而"日以心斗"，产生了知谋。所以说"知，出乎争"。争利，争名，使知变成了一种工具，一种凶器。

三、如何破除小知

前面我们已把小知的形成作了一个简略的分析，现在接着要谈谈如何破除小知。

一提到破除小知的方法，令人立刻便会想到《齐物论》的"齐"字。关于"齐物论"三字，究竟是"齐物"

论呢，或是齐"物论"呢？前人的见解颇不一致。

旧读往往把"齐物"两字连在一起，如《文选》刘注："庄子有齐物之论。"《文心雕龙·论说》："庄周齐物，以论为名。"这是认为宇宙万物虽然千差万别，而庄子却能齐一之。庄子在《秋水》中便说："万物一齐，孰短孰长。"《天下》："齐万物以为首。"另一种见解自王安石、吕惠卿开始一直到近代有些学者，都认为万物不能齐，庄子所要齐的，乃是"物论"。如王应麟说："《庄子·齐物论》，非欲齐物也，盖谓物论之难齐也。"严复说："物有本性，不可齐也，所可齐者，物论耳。"也有的学者认为"齐物"论与齐"物论"两者皆可相通。如章炳麟说："此篇先说丧我，终明物化，泯绝彼此，排遣是非，非专为统一异论而作。"钱穆说："孟子曰：物之不齐，物之情也。《天下》篇，彭蒙、田骈、慎到，齐万物以为首，则旧读齐物相连，未为非是。"依笔者的看法应作"齐物"论较妥，其理由有四：

（一）《庄子》书中明言"万物一齐"，"齐万物以为首"。

（二）在《齐物论》中，"论"字常单独使用，但"物论"连读却在整本《庄子》中没有例子。

（三）《齐物论》中谈丧我，谈生死，谈物化，不是"物论"两字所能限。

（四）中国文字中的这个"物"字，包含了"事"字，因此"齐物"两字除了齐"物"之外，也是齐"物论"的，而且庄子的物是对道而言，对心而言的。所以凡是不合于道的都是物，凡是外于心的，也都是物。

归结以上四点，可以看出"齐物"的范围较阔，不必限于物论。因为庄子的思想是与"天地精神往来"，单纯的齐一"物论"，批评辩者，实在不是庄子最高的境界。

我们之所以要辩明"齐物论"，是在于说明庄子的这个"物"字，包含了"物性"和"人事"两方面。而且庄子对付这两方面问题的方法并不一致。《庄子·齐物论》的这个"齐"字，虽然极为重要，但单单一个齐字，并不能完全表达庄子的思想方法。尤其用这个"齐"去概括"物性"和"人事"，往往会产生误解。譬如笔者曾论到冯友兰认为"庄学以为人与物皆应有绝对的自由，故亦以为凡天下之物，皆无不好，凡天下意见，皆无不对"的错误，原因就在于把齐物性的方法，毫不考虑地用在齐人事上去。因此现在从齐物去论破除小知的方法，便必须把物性和人事分开来谈。

就物性上来说，万物不齐，形形色色，大大小小，各异其趣。正是所谓天下没有相同的两片叶子。所以不齐乃是物的本性，我们如果斤斤计较其不齐，而强分高下，这便是小知，而我们打破这种小知，便须以"不齐齐之"，还万物一个本来面目。

如何以"不齐齐之"呢？前面我们曾说过物量的无穷，和物质的变化，常使我们自陷于小知。而我们如果认清物量的无穷，不仅我们所接触、所追求的任何物体，都是像稊米之在太仓那样的渺小，而且连我们自己，在天地间，也似毫末之于马体。能从这方面去认知，便会把任何物体看得一样的小，而自己的心境也相对地增大了。同时，我们如果了解物质是变化不定的，我们就以不定的方法对付它。正如庄子所说：

> 浸假而化予之左臂以为鸡，予因以求时夜。浸假而化予之右臂以为弹，予因以求鸮炙。浸假而化予之尻以为轮，以神为马，予因而乘之，岂更驾哉！（《大

宗师》)

能够这样体认万物的变化，便不为变化所苦。这就是能以不齐齐之了。

就人事上来说，人间世的一切本来就是参差不齐的，所谓富贵、穷通、祸福、是非、善恶，这些相对的观念经常错综复杂地构成人生的痛苦烦恼。对于这些人事上的不齐，我们却不能用对付物性的方法去"不齐齐之"，因为万物的不齐，是它们本性使然，所以我们以"不齐齐之"，等于还它们以本性。但人事上的不齐，正好相反，非但不是本性使然，而且是违反了本性所形成的。对于这些人事上的不齐，我们不能还它们以不齐。如果说是的还它以是，非的还它以非，这岂不是是非不分？善的还它以善，恶的还它以恶，这岂不是善恶不明？如果一种思想是叫人是非不分，善恶不明的，那还有什么可言？当然庄子的哲学绝非如此。可是因为庄子说的话，有表面的一层，有深入的一层，很多人往往仅抓住表面的一层，拿庄子的话，替自己作掩饰，根本没有注意到庄子还有深入的一层。前面我们曾讨论到小知的形成，在人事上是由于是非无标准，和成毁不可测，现在我们就根据这两点来谈谈庄子深一层的意思。这一层能把握，自然能"去小知而大知明"。

在"是非"问题的讨论上，庄子说：

> 是亦彼也，彼亦是也。彼亦一是非，此亦一是非，果且有彼是乎哉，果且无彼是乎哉，彼是莫得其偶，谓之道枢。枢始得其环中，以应无穷，是亦一无穷，非亦一无穷也，故曰莫若以明。(《齐物论》)

这一大段话，在表面上看，是说是非没有标准。而最后他却说"莫若以明"，意思是指这些观念上的是非之争，永远也得不到结果。不如放弃了是非之争，而照之以明。这个"明"字极为重要，在《齐物论》中屡言"莫若以明"。又如他在讨论到成毁问题时说：

> 古之人，其知有所至矣。恶乎至，有以为未始有物者，至矣尽矣，不可以加矣。其次以为有物矣，而未始有封也。其次以为有封焉，而未始有是非也。是非之彰也，道之所以亏也。道之所以亏，爱之所以成。果且有成与亏乎哉，果且无成与亏乎哉……若是而可

> 谓成乎，虽我亦成也；若是而不可谓成乎，物与我无
> 成也。是故滑疑之耀，圣人之所图也。为是不用而寓
> 诸庸，此之谓以明。(《齐物论》)

这里把"莫若以明"的"以明"解释得很清楚，就是"为
是不用而寓诸庸"。所谓"为是不用"就是不再执着于是
非、成毁等相对问题，而"寓诸庸"就是本之于庸。这个
"庸"字有三个特点，庄子说：

> 庸也者，用也；用也者，通也；通也者，得也；
> 适得而几矣。(《齐物论》)

所谓"用"，就是有实用性；所谓"通"，就是有普遍性；
所谓"得"，就是有适中性。所以庄子对于是非、成毁、
贵贱、祸福等相对的观念，不是完全用一个"无"字去加
以抹杀，而是照之以明，拿一个庸字作衡量，也就是以实
用性、普遍性、适中性去打消这些差别的现象。以这个
"庸"字为准则就是"齐"，因此庄子对于人事上的问题，
乃是以更高境界的齐，去齐其不齐。

四、真知与逍遥境界

前面我们是就"知者，接也"，去说明如何从不黏着于外物上，以打破小知。但这毕竟只是限于对外认知作用而已，离真知还有一段距离。因为必须向内去净化能知的根，才能得到真知，也才能逍遥而游。

如何净化能知的根？就是从内心除去思想之所困，与欲望之所惑。这两者，是人生一切痛苦烦恼的根源。在佛学上，把这两者归结起来，就是一个"念"字。此念不生，即得般若正智，而有逍遥之乐。庄子的见解也是如此。

然而又要如何除去思想之所困，与欲望之所惑呢？正同佛学的方法"于念无念"一样，庄子也要我们除去"知"与"故"。他说：

> 去知与故，循天之理。故无天灾，无物累，无人非，无鬼责，其生若浮，其死若休，不思虑，不豫谋。光矣而不耀，信矣而不期。其寝不梦，其觉无忧。其神纯粹，其魂不罢，虚无恬惔，乃合天德。（《刻意》）

《刻意》虽然不一定是庄子的亲笔，但这段话的内容却是根据《大宗师》引申的。就这段话来看，所谓"知与故"，知是思想，故是巧谋。也就是前面所说的除去思想之所困，和欲望之所惑。但要如何"去"呢？一提到"去"字，常使后人认为是彻头彻尾地杜绝知，因此更进一步便走入了反知之途。其实这不是庄子的原意。庄子的这个"去"字上大有文章。要了解这个"去"字，还是先让我们看看《齐物论》开端的一段故事：

> 南郭子綦隐机而坐，仰天而嘘，荅焉似丧其耦，颜成子游立侍乎前，曰："何居乎！形固可使如槁木，而心固可使如死灰乎！今之隐机者，非昔之隐机者也。"子綦曰："偃，不亦善乎，而问之也。今者吾丧我，女知之乎？"

很多人读到这段话，都把整个注意力集中在"丧我"两字，在"丧我"上大作文章。其实"丧我"固然重要，而更重要的是如何"丧我"。在这段故事里，颜成子游的一问"形固可使如槁木，而心固可使如死灰乎"，便影射出形可以如槁木，而心不能如死灰。因为心如死灰，哪里还有灵台，哪里还能逍遥？所以南郭子綦便赞美子游问得好，而说"吾丧我"。这三个字，颇耐人寻味。第一点，他不直言"丧我",而在丧我之上加了一个"吾"字。第二点,他不用"我丧我",而换了一个"吾"字。虽然在《庄子》书中吾我两字通用,但在丧我之上加了个吾字,却显示出丧我并不是突然地失去意识,而是有个"吾"去丧我。这个"我"是"我见",那么这个"吾"便是"真我"。这个"我"是小知,那么这个"吾"便是"真知"。正是所谓丧我而后真我现,"去小知而后大知明"。

由"吾丧我",再回到"去知"的问题上,可以看出"去知"并不是突然地丢掉一切知识,形同白痴,而是有更高的境界以去知。所以去知的方法,不在于如何杜绝知,回避知,而是先要发展更高的境界,以消融"知",提升"知"。正是所谓"且有真人而后有真知",因此也必须先是真人,然后才有真知。

由此可见去知的这个"去"字,有它深一层的意义。这个"去"的作用,本身不能完成,必须有一个更高的境界,推之使去。在黑格尔的哲学里有一个作用相似,而方向相反的词就是扬弃(aufheben),按照司塔斯(Stace)*

---

* 编者注:Walter Terence Stace(1886—1967),曾于1932—1955年在美国普林斯顿大学哲学系任教。

的解释是：

> 扬弃一字有时翻译为取消。在德文，这字有两义，
> 即是废去和保留。英文成语"放在一旁"也有相同的
> 两义，即放在一旁不用，等于废去，或放在一旁以备
> 将来之用，也等于保留。(《黑格尔的哲学》)

黑格尔的辩证历程，乃是由下向上的扬弃，逐渐抛去错误
的、不好的，而走向正确的、完美的境界。至于庄子的去
知，作用和扬弃相似之处，就是去知也是一种废去小知的
提升作用。但方向不同的是，去知不是由下向上辩证地发
展，而是先有更高的境界，以扬弃小知，使我们的知性升
华而成大知。

　　这更高的境界，必须是超乎知识之上的。它和知的
关系，可以用表三来说明：

　　　　　神——明——知

　　　　（真知）（小知）

　　　　　（表三）

　　表三可以根据《庄子》的两段话：

　　吾所谓明者，非谓其见彼也，自明而已矣。(《骈拇》)

　　以不平平，其平也不平；以不征征，其征也不征。明者唯为之使，神者征之，夫明之不胜神也久矣，而愚者恃其所见入于人，其功外也，不亦悲乎! (《列御寇》)

这里所谓"明"是自见，与见彼之"知"不同。而神是指最高的精神境界，也可说是真知。而由小知到真知，必须经过明的阶段。这个"明"，是内观，是反省，所谓"静则明，明则虚"。它有点类似黑格尔的"扬弃"，是去小知，以进入大知。它也有点类似佛家的"证悟"，是破我执，以成就真我。

　　由于这个"明"的作用，使我们的知转化为德。在西方哲学上，知和德始终很难调和。但在中国哲学里，知和德非但不冲突，而且是一贯的。这个知必须转化为德，才是真知。庄子对知和德的关系颇为注意，他说：

　　不以知穷德 (《缮性》)

　　以恬养知 (《缮性》)

知通于神，故其德广（《天地》）

知彻为德（《外物》）

由此可见，走知的路，走到最后关头，这种知必须转化为德，才能真正地达到逍遥的境界。所以要打破小知，还须要造乎道德。也就是到达逍遥之境，除了走知的路外，尚有一条路必须通过，那就是笔者将要说的道德之途。

第五章

从德以入逍遥之境

前面我们已经提到过，进入逍遥之境，除了走"知"的路外，还须走"德"的路。这两条路并不是完全平行、毫不相关的。相反的，这两条路，有时是互相交叉的，有时却是互相衔接的。就交叉处来说，在求知的过程中，时时须靠德来折中、来提升，才不致走入歧途；就衔接处来说，在去小知的阶段中，最后须转化为德，才是真知。

现在让我们看看庄子如何由德以入逍遥之境。

一、道德的层次

在老庄思想中，一方面批评儒家所谓的道德，要"绝仁弃义"，要"忘仁义"，但另一方面，对道德两字却非常推崇，如老子的赞美"常道""上德"，庄子以"道德为主"。由此可见儒家和道家对"道德"解释有所不同，才有此歧义产生。

这种歧义的产生，主要是由于对"道"的着重点不同：道家着重于天道，儒家着重于人道。虽然按照《易传》对"道"的分法为：

> 立天之道曰阴与阳，立地之道曰柔与刚，立人之道曰仁与义。(《周易·说卦传》第二章)

但地道可以附属天道，所以实际分起来，只有天道和人道。在原始儒家，尤其是孔孟荀的眼中，可说是完全以人道为主。譬如《论语》一书中，所有的道字，几乎都是当作人生行为准则解释的。只有一处提到天道，乃是子贡所说：

> 夫子之言性与天道，不可得而闻也。

这里的"天道"，说了等于没说，可见《论语》不谈天道。再如《孟子》一书中所有的道字，都是就人生行为准则而言的，只有两处提到天道，如：

> 是故诚者，天之道。
>
> 圣人之于天道也。

这里所引的两句话，第一句与《中庸》一书雷同，究竟是《孟子》得自《中庸》，或《中庸》抄自《孟子》，前人各有见解，至今尚难以决定。不过就这两句话来论，都是孤悬的一笔，并未深论。至于《荀子》书中，虽然常提到天道，但荀子把天道看作自然的现象，而重视人为，这是大家都公认的，不必详辩。因此，由以上的分析看来，儒家是特别重视人道的，把整个思想的中心放在人道上。不过他们所强调的人道，都和天道有关。也就是说他们虽然重视人道，但对天道也照样地推崇，甚至于把天道看得比人道更高（荀子在此处稍有例外），只是他们不去谈天道而已。

道家思想却不然，他们极端重视天道，《老子》一开头，便"道可道，非常道"的，把天道看作常道，而把人道看作可道之道。他在第七十七章还说：

> 天之道，其犹张弓与，高者抑之，下者举之，有余者损之，不足者补之。天之道损有余而补不足，人之道，则不然，损不足以奉有余。孰能有余以奉天下，唯有道者，是以圣人为而不恃，功成而不处，其不欲见贤。

这是赞美天道，而贬抑人道。同样在《庄子》书中，论道之处极多，但多半是指天道，而且和《老子》一样，是赞天道，而抑人道（此处之人道，多指通俗意义），如：

> 何谓道？有天道，有人道。无为而尊者，天道也；有为而累者，人道也。主者，天道也；臣者，人道也。天道之与人道也，相去远矣，不可不察也。（《在宥》）

从以上所论看来，儒家强调人道，却也推崇天道；道家取法天道，却有时不免舍弃人道。由这一不同，也就影响了他们对"德"的看法。在儒家思想中，道是人道，是总原则，而德就是实践道的具体行为和德目。如《论语》上说：

> 民德归厚矣！
>
> 乡愿，德之贼也。

《孟子》书上说：

> 以德行仁者，王。
>
> 动容周旋中礼者，盛德之至也。

由此可见儒家的德，是指行为，而且这种行为，还是以礼作为准则的。这是由道、而德、而礼。愈往下发展，愈落实了。

在道家思想中却不然。由于他们的道是天道，是自然法则，因此他们的德，势必合于天道，循于自然法则而行，如：

> 上德不德，是以有德；下德不失德，是以无德。上德无为而无以为；下德为之而有以为。（《老子》第三十八章）

> 道者，德之钦也，生者，德之光也……动以不得已之谓德。（《庄子·庚桑楚》）

这说明了道家所谓的德，是无为的，是不得已的，也就是顺任自然的。

儒道两家对道德看法的不同，完全是由于他们着眼点的差别。本来就天道来说，只有一个，无论儒家也好，道家也好，他们所面对的天道是一样的。但由于儒家强调人道，因此他们透过了人道去看天道，很自然的他们所见的天道，是和人道一致的。譬如他们强调仁心，而他们透过了仁心所看到的天道也充满了生意，所谓"天地之大德曰生"；他们强调人为，因此他们所看到的天道，也是"天行健"的。至于道家却不然，由于他们推崇天道，尤其是他们先把人道放在一边，赤裸裸地去看天道，因此所见的天道，只有自然。然后他们透过了天道来看人道，凡是不合自然的，他们都加以扬弃。

由于这个原因，我们可以得到几个结论：

（一）因为儒道两家都共拥一个天道，所以对天道方面，儒道两家并无异议。

（二）儒家是由人道向上透视天道的，因此儒家思想向上发展，和道家不谋而合：孔子最高境界之似老子，孟子发展到高处，也和庄子相似 [1]。

（三）道家由天道来批评人道，因此对儒家的批评，

---

[1] 这并不是说老庄的境界较高，孔孟必须发展到最高境界，才似老庄。而是说两者殊途而同归，两方面发展到最高境界时，可以相通，如下表：

孔　老
孟　庄

往往都是就道德失落，而流于礼义方面[1]。

二、庄子对一般德目的批评

由于庄子常常批评仁义礼智等德目，因此常被人误解认为庄子笑傲道德，玩世不恭。其实在《庄子》书中，不仅是《内篇》，就是《外篇》和《杂篇》，对于道德二字，没有一语轻薄。绝不像魏晋名士那种自认风流，而故意地败德丧行。那么庄子一方面高推道德，一方面又批评一般德目，其间是否有矛盾呢？

要了解这问题，我们先看看庄子批评一般德目的重点何在。由于在一切德目中以仁义为首，而庄子批评仁义的话也最多，因此我们就以庄子批评"仁义"二字的见解作例子。庄子批评仁义不是至德的说法有四点：

---

[1] 如《老子》第三十八章说："失道而后德，失德而后仁，失仁而后义，失义而后礼。礼者，忠信之薄，而乱之首。"王弼对于这段话注得很好，他说："不能无为，而贵博施；不能博施，而贵正直；不能正直，而贵饰敬，所谓失德而后仁，失仁而后义，失义而后礼也。夫礼也所始，首于忠信不笃。通简不阳。责备于表，机微争制，夫仁义发于内，为之犹伪，况务外饰而可久乎，故夫礼者，忠信之薄而乱之首也。"

（一）褊狭

在庄子的眼中，至德就好像太阳的光辉，是无所不照的，而仁义好像一支蜡炬，它的光芒，只能照亮一处。庄子说：

> 大仁不仁。(《齐物论》)

此处"大仁"的"仁"是指至德境界，"不仁"的"仁"是指仁义的德目。因为仁义的仁只是一种恩惠，如他在《天下》中说：

> 以仁为恩。

一般都把仁当作圣人对百姓的照顾，所谓"薰然慈仁"。但人智有限，往往在表面上有益的，实际上反有害，对于这一人有恩的，未必对另一人就有惠。譬如政府对百姓过分注意，反变成了一种干涉；父母对子女过分慈爱，又易养成儿女的骄纵。可是至德境界却不然，它不是对一人一物有恩有惠，如庄子说：

> 鳖万物而不为义，泽及万世而不为仁，长于上古

而不为老，覆载天地，刻雕众形，而不为巧。(《大宗师》)

所以庄子认为仁义比起至德境界来，显得褊狭而没有普遍性。

（二）多方

至德境界本乎天道，是单纯的、统一的；但仁义却不然，由于它是人为的，因此仁者见仁，智者见智，是多方杂出的。庄子曾以寓言表示说：

> 南海之帝为儵，北海之帝为忽，中央之帝为浑沌。儵与忽时相与遇于浑沌之地，浑沌待之甚善，儵与忽谋报浑沌之德，曰："人皆有七窍，以视听食息，此独无有。尝试凿之。"日凿一窍，七日而浑沌死。(《应帝王》)

浑沌之德就是至德境界，是素朴自然的，七窍就是仁义等德目。本来浑沌中也含有仁义之德，它并非无用，而是用于全面，就像人身的热能，散布于全身，任何地方都有其用，但并不特出。可是经人智之开窍，就像热能只向某

一两处发散，便会产生高热，而致故障。所以庄子感慨
地说：

> 骈拇枝指，出乎性哉，而侈于德；附赘县疣，出
> 乎形哉，而侈于性；多方乎仁义而用之者，列于五藏
> 哉，而非道德之正也。(《骈拇》)

这段话正是说明仁义本来也是一种道德，出于人的本性，
可是标举仁义，多方而用之，则反而失去了本性，破坏了
至德的真谛[1]。

（三）限制

按照至德的境界来说，是没有任何限制的，而仁义
却是人为的约束，庄子说：

> 夫道未始有封，言未始有常，为是而有畛也，请
> 言其畛，有左有右，有伦有义，有分有辩，有竞有争，
> 此之谓八德。(《齐物论》)

---

[1] 在道家眼中的仁义，只是一种德目，而每一个德目，只就某
一种行为立言。因此过分偏执某一德目，便会破坏了至德的中和性。

可见道是没有任何封域的，而一般的德目却要把道加以封界。封界之后，虽然有伦有义，有分有辩，但道的活泼性却被扼杀了。所以庄子一再地呼吁说：

> 毁道德以为仁义。(《马蹄》)
>
> 仁义又奚连连如胶漆纆索。(《骈拇》)
>
> 吾未知圣知之不为桁杨椄槢也，仁义之不为桎梏凿枘也。(《在宥》)

这是说仁义由于有限制性，对于人性的开展反而成了一种桎梏凿枘。

（四）权变

既然仁义常常会毁坏道德，限制人性，那么先圣们为什么又要特别提倡仁义？对这一问题，庄子的答复，是认为"仁义"是先王们用来治理百姓的一种权变，其本意并非完全错误的。如庄子说：

> 仁义，先王之蘧庐也，止可以一宿而不可久处，觏而多责。(《天运》)

所谓蘧庐就等于现在的旅馆，只能在观光时暂住一二宿，而不能长住。如果乐不思蜀，流连忘返，其后果将会是：

> 及至圣人，屈折礼乐以匡天下之形，县跂仁义以慰天下之心，而民乃始踶跂好知，争归于利，不可止也，此亦圣人之过也。(《马蹄》)

以上四点是庄子对于仁义不是至德的看法。但庄子绝不是破坏仁义，他只是认为至德是本，仁义是末，如果只讲仁义，而透不上去，仁义反成了人性的一种枷锁。所以他在说到"仁义，先王之蘧庐也"之后，又接着说：

> 古之至人，假道于仁，托宿于义，以游逍遥之墟，食于苟简之田，立于不贷之圃。逍遥，无为也，苟简，易养也；不贷，无出也，古者谓是采真之游。(《天运》)

这段话极为精要，它说明了庄子虽然批评仁义，却没有废弃仁义。非但没有废弃仁义，相反的，却借道于仁义，去达到逍遥的境界。可见仁义与逍遥境界之间，不是背道而驰的，而是互相衔接，可以转化的[1]。至于如何借道仁义，以达逍遥境界，这已接触到庄子修养工夫的中心思想。

三、通向至德的修养工夫

上面我们已约略地看过，庄子对于仁义的批评。其实归纳起来，也只有一个原因，就是在庄子的眼中，仁义等德目，都是外在的一种行为准则，如果我们内心没有工夫，而徒执外在的准则，那么我们便受制于外，仁义反成了一种桎梏。所以要解脱这种桎梏最根本的方法，就是从内心下工夫。这种工夫有两个步骤：第一个步骤是忘，它的工夫在心斋；第二个步骤是化，它的工夫在见独。现在笔者依次谈谈这两个步骤。

（一）心斋自忘

忘字，在《庄子》书中也非常重要，因为它不只是

---

[1] 老庄批评仁义，都是要我们认清仁义之上还有活的源头。所以在表面上，似乎不满仁义，实际上，却是为了使仁义上达，使仁义有活的源头。

普通被动的所谓忘记的意思，而是有主动性的工夫。如庄子假借孔子与颜回的一段故事说：

> 颜回曰："回益矣。"仲尼曰："何谓也？"曰："回忘仁义矣！"曰："可矣，犹未也。"它日，复见，曰："回益矣。"曰："何谓也？"曰："回忘礼乐矣。"曰："可矣，犹未也。"它日，复见，曰："回益矣！"曰："何谓也？"曰："回坐忘矣！"仲尼蹴然曰："何谓坐忘？"颜回曰："堕肢体，黜聪明，离形去知，同于大通，此谓坐忘。"仲尼曰："同则无好也，化则无常也，而果其贤乎，丘也请从而后也。"（《大宗师》）

从颜回先忘仁义，再忘礼乐，最后坐忘的这一历程看来，这个忘字背后，是有一套工夫修养的。后代许多人读到《庄子》的忘字，就黏着在这个忘字上，要学坐忘。其实凭空怎么能忘？如果单纯地去忘的话，不如头上打一棒，脑震荡，得遗忘症，什么都忘了，但这岂是庄子所谓的忘？显然的，庄子所谓的忘，套用佛家的话，乃是心不滞境而已。要达到心不滞境，庄子曾说过一段工夫，就是心斋：

颜回曰："回之家贫，唯不饮酒，不茹荤者，数月矣，若此，则可以为斋乎？"曰："是祭祀之斋，非心斋也。"回曰："敢问心斋？"仲尼曰："若一志，无听之以耳，而听之以心，无听之以心，而听之以气。听止于耳，心止于符。气也者，虚而待物者也。唯道集虚。虚者，心斋也。"颜回曰："回之未始得使，实自回也，得使之也，未始有回也，可谓虚乎？"夫子曰："尽矣，吾语若，若能入游其樊，而无感其名。入则鸣，不入则止，无门无毒，一宅而寓于不得已，则几矣。绝迹易，无行地难，为人使，易以伪；为天使，难以伪，闻以有翼飞者矣，未闻以无翼飞者也；闻以有知知者矣，未闻以无知知者也。瞻彼阕者，虚室生白，吉祥止止，夫且不止，是之谓坐驰。夫徇耳目内通，而外于心知，鬼神将来舍，而况人乎！是万物之化也，禹舜之所纽也，伏戏几蘧之所行终，而况散焉者乎！"（《人间世》）

这一大段话所描写的心斋就是一个虚字，不过这种虚并不是精神散失，相反的，却是精神贯注于内所达到的一种心境。同时这种工夫，也不是玩空弄有，耽于虚寂的，它在道德的追求上，有其积极的意义。如庄子的另一段话：

> 彻志之勃，解心之谬，去德之累，达道之塞。贵富显严名利六者，勃志也。容动色理气意六者，谬心也。恶欲喜怒哀乐六者，累德也。去就取与知能六者，塞道也。此四六者，不荡胸中则正，正则静，静则明，明则虚，虚则无为而无不为也。(《庚桑楚》)

这说明了心斋的工夫在致虚。而这种虚，乃是心量的无限扩大，这才是至德的境界。

（二）见独能化

虚，只是心境的廓然而已，单单虚还是不够的。就同《逍遥游》一文中所描写的天池，是广漠无边，能容一切的。但只有天池，仍然只是一片空虚，其中还必须有大鹏去游，才显得生动活泼。同样，虚，只是使"四六者，不荡胸中"，只是使我们"用心如镜"；但虚中还必须有主，还必须有真宰，才能使此虚不滞于虚，而活活泼泼地能化。庄子曾有一段故事描写说：

　　南伯子葵问乎女偊曰："子之年长矣，而色若孺子何也？"曰："吾闻道矣。"南伯子葵曰："道可得学邪？"曰："恶，恶可，子非其人也。夫卜梁倚，有圣人之才，而无圣人之道，我有圣人之道，而无圣人之才，吾欲以教之，庶几其果为圣人乎。不然，以圣人之道，告圣人之才，亦易矣，吾犹守而告之，参日而后能外天下；已外天下矣，吾又守之，七日而后能外物；已外物矣，吾又守之，九日而后能外生；已外生矣，而后能朝彻，朝彻而后能见独，见独而后能无古今，无古今而后能入于不死不生。杀生者不死，生生者不生，其为物，无不将也，无不迎也，无不毁也，无不成也。其名为撄宁，撄宁也者，撄而后成者也。"（《大宗师》）

这段话的重点在"见独"两字。见独之前，只是外天下、外物、外生而已。见独之后，则能无古今，不死不生，而后达到撄宁的境界。外天下、外物、外生，只是不滞外境而已，只是忘，只是虚。而无古今，不死不生，是内外合一，同于大通。所谓"撄宁也者，撄而后成者也"的意思，就是说能接于物，而化之也。

心斋自忘，是消极的，而见独能化，却是积极的。这个见独的独字，是指绝对，如：

似遗物离人而立于独也。(《田子方》)

也是指真我，如：

独往独来，是谓独有。(《在宥》)

而独与道游于大莫之国。(《山木》)

独与天地精神往来。(《天下》)

能够把握这个绝对或真我，便能任运而化，无不逍遥。

这个化字在庄子思想里，也极为重要。本来，这个化是从自然变化而来的。在自然的变化中，"万物以不同形相禅"，"出于机，又入于机"，是循环的，也是不息的。但人的形体有限，生命短促，正是所谓：

一受其成形，不亡以待尽。与物相刃相靡，其行尽如驰，而莫之能止，不亦悲乎！(《齐物论》)

也许有人说，人死之后，化虫肝，化鼠臂，这不正是庄子的物化吗？又有何可悲？其实物化本来不是一件好事情，因为人物化了，就是死了之后，变为物，这哪有不悲之情呢？但庄子之所以不悲，而把"物化"加以美化，那是由于他在物化中，找到了不化的本体。这个不化的本体就是独，也就是真我。唯有把握住这不变的独，不化的真我，才能：

> 独与天地精神往来。(《天下》)
>
> 乘物以游心。(《人间世》)

所以庄子思想中，这个"化"，不是乱变，不是机械化的变，而是有其自主的精神力量。

上面我们已看过庄子的两种内心修养工夫。前一种"心斋自忘"，使我们的心境开阔，不致被仁义等德目的相对性所黏着，所限制。后一种"见独能化"，是求真，使我们的人性向上无限开展，去求"泽及万世而不为仁"的大仁，行"鳌万物而不为义"的大义。

四、至德与逍遥境界

提到逍遥境界，常使人联想到无为、无事、无所牵挂的那种悠游之乐，因而也使人以为只要万端放下，万念俱息，便能达到逍遥的境界。其实，无为、无事，并非不做，并非没有事，而是不为物所役，不为事所困。而要达到不为物所役，不为事所困，必先立乎道德。所以逍遥的境界，实际上乃是道德的境界。庄子曾有段极精彩的故事：

> 庄子行于山中，见大木，枝叶盛茂，伐木者止其旁而不取也。问其故，曰：无所可用。庄子曰：此木以不材得终其天年！夫子出于山，舍于故人之家，故人喜，命竖子杀雁而烹之。竖子请曰，其一能鸣，其一不能鸣，请奚杀？主人曰：杀不能鸣者。明日，弟子问于庄子曰：昨日山中之木，以不材得终其天年，今主人之雁，以不材死，先生将何处？庄子笑曰：周将处夫材与不材之间。材与不材之间，似之而非也，故未免乎累。若夫乘道德而浮游，则不然。无誉无訾，一龙一蛇，与时俱化，而无肯专为。一上一下，以和为量。浮游乎万物之祖，物物而不物于物，则胡可得而累邪！此神农黄帝之法则也。若夫万物之情，人伦

之传，则不然，合则离，成则毁，廉则挫，尊则议，有为则亏，贤则谋，不肖则欺，胡可得而必乎哉！悲夫，弟子志之，其唯道德之乡乎。(《山木》)

所谓材与不材，都是受制于外，拘囿于物的，不可能避免人世之累。唯有乘道德而游，才能达到真正的逍遥。

庄子所谓道是指天道，因此乘道即是《逍遥游》中的"乘天地之正，而御六气之辩"。在这方面，庄子也一再地说：

乘乎云气而养乎阴阳。(《天运》)

吾与之乘天地之诚。(《徐无鬼》)

彼方且与造物者为人，而游乎天地之一气。(《大宗师》)

至于德，一方面是虚己以应物，所谓：

无为名尸，无为谋府，无为事任，无为知主，体尽无穷，而游无朕，尽其所受乎天，而无见得，亦虚而已。至人之用心若镜，不将不迎，应而不藏，故能胜物而不伤。(《应帝王》)

一方面是见独以游心，所谓：

> 古之真人，不知说生，不知恶死，其出不欣，其
> 入不距，翛然而往，翛然而来而已矣。不忘其所始，
> 不求其所终，受而喜之，忘而复之，是之谓不以心捐
> 道，不以人助天。是之谓真人。（《大宗师》）

无论是虚己也好，见独也好，庄子的德，乃是铸造真我。
这个真我是超脱小知而有真知，破除欲心而有真心，所以
他游于天地之间，而不为物所役，不为事所困。庄子说：

> 若然者，登高不栗，入水不濡，入火不热，是知
> 之能登假于道也，若此。（《大宗师》）

并不是说一个人有金刚之身，能入水不濡，入火不热，而
是说，水能濡的，火能热的，都是一个人的躯体。所谓真
人，完全超脱了形骸，纯然是至性良知，能物物，而不物
于物，因此外界的一切困厄，纵然能阻碍他的躯体，但他
的精神，他的真知，却丝毫不受影响。唯有这样，才能真
正逍遥而游。

第六章

庄子思想的精神——体现真我

　　庄子的思想，总括一句，不外乎是一种破邪显正之学。他一方面批判各家的思想，以建立自己的体系；一方面纠正世俗的观念，以体现真我。所以庄子的思想，可以说彻头彻尾是有我之学。试想没有这个我，又如何能忘，如何能化，如何能逍遥？

　　现在，我们先从《庄子》书中的两个例子来看：

　　在《庄子》书中，和庄子关系最深的是惠施。庄子在《逍遥游》中提到他，在《齐物论》中批评他，在《秋水》中和他辩论，在《天下》中，以结尾的重要地位，讨论他。

　　按照《天下》里描写惠施思想的大端是：

　　　　惠施多方，其书五车，其道舛驳，其言也不中，历物之意曰：至大无外，谓之大一，至小无内，谓之小一。无厚不可积也，其大千里。天与地卑，山与泽平。日方中方睨，物方生方死。大同而与小同异，此之谓小同异，万物毕同毕异，此之谓大同异。南方无穷而有穷，今日适越而昔来。连环可解也。我知天下之中央，燕之北，越之南是也。泛爱万物，天地一体也。惠施以此为大，观于天下，而晓辩者。

从这段话中，可以看出惠施最后的目的是要达到"泛爱万物，天地一体"的境地。这种境地与《齐物论》中所谓"天地与我并生，而万物与我为一"的境界岂不是很相似吗？

的确，就境界的表面上来看是很相似的，但惠施的这一境地，只是从前面"大小""厚薄""高卑""生死""同异""有穷无穷""今昔""可不可""燕北越南"等观念辨析上所得的结论而已，并没有实际修证此一境地的工夫。试看《德充符》上庄子和惠施曾有一段辩论：

惠子谓庄子曰："人故无情乎？"庄子曰："然。"惠子曰："人而无情，何以谓之人？"庄子曰："道与之貌，天与之形，恶得不谓之人。"惠子曰："既谓之人，恶得无情。"庄子曰："是非吾所谓情也，吾所谓无情者，言人之不以好恶内伤其身，常因自然而不益生也。"惠子曰："不益生，何以有其身？"庄子曰："道与之貌，天与之形，无以好恶内伤其身。今子外乎子之神，劳乎子之精，倚树而吟，据槁梧而瞑，天选子之形，子以坚白鸣。"

从这段话中可以看出惠施只是执着于现象，认为庄子所谓无情，是摒除一切情感、意识等精神作用。也就是误认为庄子的丧我，是毁身灭智。其实庄子的无情，乃是"无以好恶内伤其身"，正是为了要全生保真。相反的，在庄子的眼中，惠施那种外神劳精，徒逞思辨的做法，却是十足的伤生损性的行为。

至于庄子所谓"天地与我并生，而万物与我为一"的境界，并不像惠施的"泛爱万物，天地一体"，只是一个思辨的结论，一种空洞的境界而已。对于这点，我们可以从两方面得到证实：

第一点："天地与我并生，而万物与我为一"，不仅在庄子思想里，是一个中心观念，而且在《齐物论》一文里，又正好在一个中心的地位。当庄子行文到这两句话时，前面已有好几段论说。首先，他借地籁人籁，衬托出一切皆由心造；再由心态的各种作用，说明念头的变幻无常；然后就人间的是非、成毁等观念的没有标准，来说明我们不应执着于一己的心念，而应照之于天，也就是返于天道的自然。由此可见惠施所凭借的思辨，正是庄子所要破斥的。

第二点：庄子的"天地与我并生，而万物与我为一"，是把我和天地万物并列。在《齐物论》里，他特别强调说：

> 若有真宰，而特不得其朕。可行已信，而不见其形，有情而无形。百骸九窍六藏，赅而存焉，吾谁与为亲？汝皆说之乎？其有私焉？如是皆有为臣妾乎？其臣妾不足以相治乎？其递相为君臣乎？其有真君存焉？如求得其情与不得，无益损乎其真。

这是真我的存在。唯有这个真我才能与天地并生，与万物为一。

由以上二点，可以看出庄子和惠施的不同，乃是庄子的境界，不是全由思辨所得，而是从心性实证上下工夫的。

再举第二个例子来看。在《天下》中曾描写彭蒙、田骈、慎到等人的思想是主张"齐万物以为首"。这和《庄子·齐物论》的旨趣，似乎是不谋而合的。至于他们的立论根据是：

> 天能覆之，而不能载之，地能载之，而不能覆之，大道能包之，而不能辩之。知万物皆有所可，有所不可。故曰：选则不遍，教则不至，道则无遗者矣！是故慎到弃知去己，而缘不得已。泠汰于物，以为道理。曰：知不知，将薄知而后邻伤之者也。謑髁无任，而笑天下之尚贤也。纵脱无行，而非天下之大圣。椎拍輐断，与物宛转，舍是与非，苟可以免，不师知虑，不知前后，魏然而已矣！推而后行，曳而后往，若飘风之还，若羽之旋，若磨石之隧，全而无非，动静无过，未尝有罪，是何故？夫无知之物，无建己之患，无用知之累。动静不离于理，是以终身无誉，故曰：至于若无知之物而已，无用贤圣，夫块不失道。

在这段话中，我们可以看出慎到等人对于境界的看法，和庄子的见解并没有多大的差别，可是在工夫上，他们只一味地讲究"弃知去己"，要把自己变成像木石一样的无知无识，认为唯有这样才能"块不失道"。其实他们的做法，全无理趣，非但失去了自己，同时也看错了道，所以庄子批评他们：

> 其所谓道非道，而所言之韪，不免于非。彭蒙、田骈、慎到不知道，虽然，概乎皆尝有闻者也。（《天下》）

所谓"有闻"，乃是指他们在境界上尚能了解"大道能包""道则无遗"，在工夫上尚能懂得"与物宛转，舍是与非"。而他们之所以"不免于非"，也就是由于他们的"弃知去己"，在工夫上走偏了，而无法"同于大道"。

至于庄子的工夫却不然，在《应帝王》中曾有一段故事：

> 郑有神巫曰季咸，知人之死生存亡，祸福寿夭，期以岁月旬日若神。郑人见之，皆弃而走。列子见之

而心醉，归以告壶子，曰："始吾以夫子之道为至矣，则又有至焉者矣。"壶子曰："吾与汝既其文，未既其实，而固得道与？众雌而无雄，而又奚卵焉。而以道与世亢必信，夫故使人得而相汝，尝试与来，以予示之。"明日，列子与之见壶子，出而谓列子曰："嘻！子之先生死矣，弗活矣，不以旬数矣，吾见怪焉，见湿灰焉。"列子入，泣涕沾襟，以告壶子，壶子曰："乡吾示之以地文，萌乎不震不正，是殆见吾杜德机也。尝又与来。"明日又与之见壶子，出而谓列子曰："幸矣！子之先生遇我也，有瘳矣，全然有生矣。吾见其杜权矣。"列子入，以告壶子，壶子曰："乡吾示之以天壤，名实不入，而机发于踵，是殆见吾善者机也。尝又与来。"明日又与之见壶子，出而谓列子曰："子之先生不齐，吾无得而相焉，试齐，且复相之。"列子入以告壶子，壶子曰："吾乡示之以太冲莫胜，是殆见吾衡气机也。鲵桓之审为渊，止水之审为渊，流水之审为渊，渊有九名，此处三焉。尝又与来。"明日又与之见壶子，立未定，自失而走，壶子曰："追之。"列子追之，不及，反以报壶子曰："已灭矣，已

> 失矣，吾弗及已。"壶子曰："乡吾示之以未始出吾宗，
> 吾与之虚而委蛇，不知其谁何，因以为弟靡，因以为
> 波流，故逃也。"

最先，壶子所示的"地文"，是"杜德机"，也就是杜绝意念，毫无生机。向、郭注为"块然若土"，这正是慎到等人的表现。其次示以"天壤"，是"善者机"，也就是生意初动的意思。接着示以"太冲莫胜"，是"衡气机"。这是冲气以为和，浑同一体的意思。最后才示以"未始出吾宗"。所以"未始出"就是"不离"。"吾宗"，是指性真。正是《天下》所谓"不离于宗，谓之天人。不离于精，谓之神人。不离于真，谓之至人"的意思。这是真我的境界，但这个真我极为圆融，与物无碍，所以又是"虚而委蛇，不知其谁何"而不落我相。由这段譬喻中，我们可以看出慎到等人工夫的粗浅。和庄子真我的逍遥境界，还差了一大段距离。

在本章开端，我们就强调庄子的思想是破邪显正之学。所谓破邪，是破我执；显正，是显真我。破邪显正并非二事，破邪就是为了显正，破我执就是为了显真我。如

果只破不显，这"破"本身也变成了一执，惠施、慎到等人的毛病就是出在这一点上。

庄子思想的精神，乃是在于他首先把握住这个真我，然后再破执，使破执成为显正的一个前奏。王夫之评庄子曾说：

> 《内篇》虽极意形容，而自说自扫，无所黏滞。《外篇》则固执粗说，能死而不能活。（《庄子解》）

王夫之的意思是说，庄子的思想提出某一观点之后，接着又连这观点也一并扫除。譬如他在《天道注》中曾比较《内篇》《外篇》说：

> 无为，固老庄之所同尚，而庄子抑不滞于无为，故其言甫近，而又远之。甫然而又否之，不示人以可践之迹，而此篇"按指天道"之说，滞于静而有成心之可师，故其辞下急烦委，以喉息鸣，而无天钧之和。庄子之说合上下隐显贵贱小大而通于一。此篇以无为为君道，有为为臣道，则剖道为二而不休于天钧，且既以有为为臣道矣，又曰以此南乡尧之为君也，以此

> 北面舜之为臣也，则自相剌谬，而非若《内篇》虽有
> 随扫之说，终不相背庚也。

夫之这段话，就庄子思想的理路上来看，的确是非常精辟的。但随说随扫，仍然是一种相。庄子之所以能随说随扫，主要是他先把握住这个随说随扫的主体——真我，因此才能"说""扫"自如。无论是说也好，扫也好，都不会执有陷空。譬如《逍遥游》一文的开端，便揭出大鹏的境界，这是真我的化身说法，由这只大鹏的出北冥，入南冥，这是把海天打成一片，把时空浑成一体。然后，再反观小蜩小鸠的行为，就能破其浅陋了。再看《齐物论》中从头至尾都在批评世俗的一切观念意识，但并非只是批评而已，因为《齐物论》从头至尾都在衬托着一个真我。从"吾丧我"开始，到"真宰""莫若以明"，直到最后庄子梦蝴蝶的物化，都随处活现着这个真我。试从庄子梦蝴蝶这段寓言来看：

> 昔者，庄周梦为胡蝶，栩栩然胡蝶也，自喻适志
> 与，不知周也。俄然觉，则蘧蘧然周也。不知周之梦
> 为胡蝶与，胡蝶之梦为周与，周与胡蝶，则必有分矣，

此之谓物化。

对这段寓言，古来许多注解，似乎都注浅了，如向、郭的注：

> 夫时不暂停，而今不遂存，故昨日之梦，于今化矣。死生之变，岂异于此，而劳心于其间哉。方为此，则不知彼，梦为胡蝶是也。取之于人，则一生之中，今不知后，丽姬是也。而愚者窃窃然自以为知生之可乐，死之可苦，未闻物化之谓也。

其他如吕惠卿、王夫之，似乎也都是就物化这一层面上解说，甚至张默生在"周与胡蝶，则必有分矣"一句下注说：

> 默按此二句，石永楙氏谓注文误入，文义难通，其说极是，今据删。（《庄子新释》）

其实，这两句话是删不得的，因为它们正是《庄子·齐物论》的画龙点睛、起死回生之笔。林希逸在《庄子口义》中已注意到这点，他说：

> 在庄周则以夜来之为胡蝶梦也，恐胡蝶在彼又以我今者之觉为梦，故曰不知周之梦为胡蝶与，胡蝶之梦为周与，这个梦觉须有个分别处，故曰：周与胡蝶则必有分矣，此一句似结不结，都不说破，正要人于此参究。

林氏虽提出这话，认为值得参究，但他自己也没有说破。直到陈寿昌在《南华真经注》中，却说破了这点。他在"必有分矣"一条下注说：

> 以本真论，必有分别。

在"此之谓物化"条下注说：

> 但言物化，真我自存。

接着又注解说：

> 此盖以寓言者现身说法也。意谓为蝶为周，忽梦忽觉，在己者且无以辨，又何论外来之是非，于彼于此，曷有曷无，勘彻物相，同归于化而已。至知其必有以分。终不以幻化者迷其真宰，蘧然大觉，得一以

灵，即《则阳》篇所谓日与物化者，一不化者也。此又寓言中之寓言也。

陈氏这段注极为精彩，因为庄子所追求的是真我，物化只是他处世的一种权变而已。关于庄子梦蝶这一寓言的思想层次，我们可以用禅宗的一个公案来说明。《指月录》上记载青原惟信禅师的话说：

> 老僧三十年前未参禅时，见山是山，见水是水。及至后来亲见知识，有个入处，见山不是山，见水不是水，而今得个休歇处，依前见山只是山，见水只是水。

所谓未悟道时的见山是山，见水是水，就是我们一般观念上的蝴蝶是蝴蝶，庄周是庄周。而"有个入处"的见山不是山，见水不是水，就是分不清蝴蝶与庄周的"物化"。而悟道之后的见山只是山，见水只是水，历历分明，这正同庄周与蝴蝶的必有分。这个"必"字极有精神。因为真我自在，真我永存。能忘者，是真我；能化者，是真我；能逍遥者，也是真我。

　　归结以上所述，对于庄子思想的精神，我们将有以下的几点认识：

　　一、庄子思想的精神，是体现真我。庄子思想在理路上，是先把握住真我，然后再横说直说，随说随扫，能不留痕迹，却真意自存。

　　二、一般都以为庄子的逍遥是忘我之境，其实忘我并非忘记自己，而是破除我执。忘我只是负面的工夫，实证真我才是正面的工夫。也唯有造道于真我，才有逍遥之乐。

　　三、学习庄子的精神，不能从境界上着手。因为境界是不可学的，一学便成放诞；而且庄子的境界是庄子的，愈学愈不像庄子，也愈失去了自己。

　　四、接受了庄子的教训后，我们应反观自己，从"知"上去切实磨炼，从"德"上去实际修证，等到工夫成熟后，真我自现。到了此时，才有境界可言，才能与庄子为友，与造物同游。

参考书目

（以本书及注中直接引用者为限）

1.《周易集注》　　　　　　朱　熹
2.《四书集注》　　　　　　朱　熹
3.《老子注》　　　　　　　王　弼
4.《庄子注》　　　　　　　向　秀、郭　象
5.《庄子翼》　　　　　　　焦　竑
6.《庄子内篇注》　　　　　憨山大师
7.《庄子解》　　　　　　　王夫之
8.《南华经解》　　　　　　宣　颖
9.《庄子南华真经正义》　　陈寿昌
10.《庄子纂笺》　　　　　　钱　穆
11.《庄子哲学》　　　　　　蒋锡昌
12.《庄子新释》　　　　　　张默生
13.《列子》　　　　　　　　张　湛
14.《世说新语》　　　　　　刘义庆
15.《肇论》　　　　　　　　僧　肇
16.《六祖坛经》　　　　　　慧　能
17.《指月录》　　　　　　　瞿汝稷
18.《读经示要》　　　　　　熊十力
19.《中国哲学史》　　　　　冯友兰
20.《中庸诚的哲学》　　　　吴　怡
21.《中国哲学史话》　　　　张起钧、吴　怡
22.*The Philosophy of Hegel*　　Stace

附录：

《庄子·内篇》中的一些重要术语

术语是研究哲学的钥匙。每一派，甚至每一位哲学家都有其特别的术语。这些术语，不仅构搭成他们整个思想的体系，而且同一术语的不同意义，不同造境，往往决定了他们哲学的生命和发展。譬如这个"仁"字，在孔子以前便存在，只是普通爱人的意义，到了孔子手中，却赋予"仁"以特殊的生命，使它成为涵盖一切道德的总纲。可是到了孟子手中，"仁"却是指恻隐之心。而到了宋明儒家手中，"仁"又变成了觉性，变成了和宇宙万物一体的本心。总之，这些哲学家们对"仁"字的不同看法和用法，便形成了他们思想的不同精神。

在这里，笔者就《庄子·内篇》中一些重要的术语加以说明，其方法是：

1. 所谓术语，有时候只是一两个字，有时候可能是一两句话。

2. 对于术语的解释，是以《庄子·内篇》的思想为主，至于《外篇》《杂篇》中有新义的，或有价值的思想，也一并加以讨论。

3. 虽然这些术语的说明，是以庄子的思想为主，但在发挥上，不免会超出庄子的范围。有时可能借用儒家和禅宗的思想，或其他的学说来比较。

一、《逍遥游》

这是《庄子》的第一篇。逍是无拘无束，遥是无穷无尽，游是适性自在的意思。按照庄子自己的解释，逍遥是指无为无事，如：

> 逍遥乎无为之业。(《大宗师》)
>
> 以游逍遥之墟，……逍遥，无为也。(《天运》)
>
> 逍遥乎无事之业。(《达生》)

所谓无为就是无欲，无事就是无执。

能够做到心中无欲无执，才能使自己的精神无拘无束，才能使自己的理想无穷无尽，才能使自己达到适性自在的境界。

要达到逍遥游的境界，必须注意两点：第一，逍遥游不是指形体上的自由，而是指心灵上的自在；第二，逍遥游不是指纵情任性的，而是要在心上不断地修养才能达到的。在形体上，我们注定会死亡，我们也会遭遇到许多病痛和不如意之事。可是在心灵上，我们却可以突破这些。但这不是指白日梦，或逃避现实，而是把心提升到不受外在影响的境地。

《逍遥游》一文是庄子所描绘的理想境界。由于全篇文字生动，一气呵成，再加上大鹏小鸠的寓言点缀其中，所以读起来非常顺畅，而有情味。可是危险性也就在这里。因为全文都是在描写逍遥的境界，没有详论工夫，所以容易使读者误入歧途，以为只要学学文中那些大鹏的一飞冲天，大树的处于无何有之乡，便可逍遥。可是大鹏是怎样才能一飞冲天的？大树的无何有之乡又在哪里？他们却全不知晓。

所以我们要真能把握《逍遥游》的精神，必须配合《齐物论》《德充符》等文来读。需要有真工夫，才能得真逍遥。

二、化 (《逍遥游》)

"化"是庄子思想中一个极为重要的术语,在《逍遥游》中最先便揭出这个化字:

> 北冥有鱼,其名为鲲。鲲之大,不知其几千里也。化而为鸟,其名为鹏。

在这里很容易把这个"化"字解作普通的变化,如由蝌蚪变作青蛙,由鱼子变成大鱼。但鲲是鱼,鹏是鸟,由鱼又如何能变成鸟呢?可见庄子的这个"化"字并非如此的简单,而是有其深一层的意义。

分析《庄子》书中所讲的"化",大约有三种意义:

(一)万物的变化:这是最普通的所谓变化,是指形体上的改变。这种变化是平面的发展,是暂时性的,如生老病死、贵贱祸福等,如:

> 是万物之化也。(《人间世》)

(二)自然的大化:这是指自然界生生不已的变化。这是就整个宇宙来看的,是循环反复的,是永恒性的,如:

> 安排而去化,乃入于寥天一。(《大宗师》)

（三）工夫的化道：这是指修养的工夫达到某程度后，使人性向上升华，而融入道体之中。也就是说超脱了形骸的变化，而与自然共化。如：

> 不如两忘而化其道。（《大宗师》）

看过了这些"化"字后，再回过头去看看鲲化为鹏。鲲在北冥之中是暗喻其修养的深厚，等待六月风动，这表示修炼工夫成熟，然后才能化为鹏，所以这个"化"是指精神的升华。

庄子思想中的这个"化"字，兼有工夫和境界的双重身份。它一方面是指化境，是指能够与物同化，与天地合一的境界，如他在《齐物论》中所描写庄周梦蝴蝶的物化的境界。另一方面是指一种工夫，这种工夫是由于不断的修炼，能突破形骸、知识、经验的限制。这种工夫具体来说，就是他常提到的所谓"坐忘"，这个"忘"字乃是入化之门。

如果我们把庄子思想和禅宗思想相比，那么这个"化"字正相当于禅门的顿悟。虽然这个"化"没有像顿悟一样被后代的禅家弄得那么样的多彩多姿，但它们都同属于心中的一种觉悟。而在觉悟之后，又却是天地并生，万物合一的。

三、大（《逍遥游》）

这个"大"字虽然在《庄子》书中都是以形容词身份出现的，但当它和另一个字结合，表示至高至上的意思时，却写出了庄子那种向上的、无限的、开阔的精神境界。

庄子在《逍遥游》中，一开头便写出了大鹏一飞冲天的境界。而在全文中，一再地以"大舟""大椿""大瓠""大树"为喻。而又一再地说明：

> 且夫水之积也不厚，则负大舟也无力。（《逍遥游》）
>
> 小知不及大知，小年不及大年。（《逍遥游》）
>
> 此小大之辩也。（《逍遥游》）
>
> 夫子固拙于用大矣！（《逍遥游》）

仅从这些话看来，庄子所向往的"大"，乃是有所积的，也就是有深厚的学养和工夫，才能成其为大，所以又称为大知。大和小的不同，是由于"小"拘限于局部的时空，或个人有限的知识和经验，而不能见大全。

这个"大"并不是和小对立的，因为和小对立的大并不是真正的大。如泰山和毫末，虽然我们都知道泰山为大，毫末为小，但泰山比起天地来，泰山也就变成了毫末，不能再称为大。所以和小对待的大，不是庄子所理想的大。庄子的所谓大，乃是指向上无穷的发展而已。因此他的"大"常和"道"并言，如大方、大通、大辩、大仁、大廉、大勇、大美、大顺等。

四、待（《逍遥游》）

庄子说：

> 夫列子御风而行，泠然善也，旬有五日而后反。彼于致福者，未数数然也。此虽免乎行，犹有所待者也。若夫乘天地之正，而御六气之辩，以游无穷者，彼且恶乎待哉！（《逍遥游》）

这里提出了一个"待"字。所谓"待"就是依靠外在的力量，而不能自主的意思。列子御风而行，是依靠外在的风,所以最多只能旬有五日便必须回来,因为他自己无法自主。至于"乘天地之正,而御六气之辩(辩是变的意思)",是指乘着天地发展的正道,顺着阴阳风雨晦明等六气的变化,也就是说一切本于自然,便一无所待了。

这个"待"字正是"逍遥游"的绊石,因为我们的心如对外物一有所待,这个心便为外物所拘,不能逍遥。尤其人世间的待,往往是层层的限制。譬如做学生的,所待的是文凭;毕业以后,所待的是好的职业;有了职业后,所待的是步步高升,有财有势,有名有利。可是待到了最后,又是什么? 正如庄子所说:

> 一受其成形,不亡以待尽。与物相刃相靡,其行尽如驰,而莫之能止,不亦悲乎! 终身役役,而不见其成功,苶然疲役,而不知其所归,可不哀邪!(《齐物论》)

最后所待到的只是死亡。由于死亡,使所有的待都失去了意义,都变成了虚无。这就是因为我们所待的不真实。庄子又借一个寓言说:

　　罔两问景曰："曩子行，今子止。曩子坐，今子起。何其无特操与？"景曰："吾有待而然者邪？吾所待又有待而然者邪？吾待蛇蚹蜩翼邪？恶识所以然？恶识所以不然？"（《齐物论》）

罔两是身影之外的一圈比较淡的余影，余影跟着影子而动，影子跟着身子而动，身子又跟着人的念头而动。这些余影、影子和身子都有待，都不能自主。它们所待的是念头，可是这个念头一起一灭，根本没有固定的操行。所以这一切的待都是梦幻空花。这就同我们的争名求利，都是为了这个空虚不实的躯壳，都是为了那层出不穷的欲念，到头来一切都会落空。所以要真正达到逍遥，便必须无待。所谓无待，并不是逃避一切，而是心中充实，不需要向外求凭借，求寄托。

五、至人、神人、圣人（《逍遥游》）、**真人**（《大宗师》）

　　庄子在《逍遥游》中说：

　　至人无己，神人无功，圣人无名。

又在《天下》中说:

> 不离于宗,谓之天人。不离于精,谓之神人。不离于真,谓之至人。以天为宗,以德为本,以道为门,兆于变化,谓之圣人。

从这两段话中,可以看出在《庄子》书中,至人、神人、圣人、真人、天人都属于理想的人物。不过在《庄子·内篇》中虽然非常推崇圣人,但在《外篇》《杂篇》中却褒贬参半。事实上,在《庄子》书中,圣人是偏于事功方面的,还不是最理想的人物。至于天人,在《庄子》书中只出现两次,一次是在《庚桑楚》,一次是在《天下》,而且只是简单地提到一句,并没有详论。神人除了在《逍遥游》中提到其修养境界外,在其他各篇中也都只是把它看作神灵,而没有深论。所以在《庄子》书中谈得最多,而且都有详细而具体工夫的,乃是至人和真人。

(一)神人

《庄子》书中的神人,乃是指超脱了物体,完全精神化了的人,如他说:

> 藐姑射之山，有神人居焉，肌肤若冰雪，淖约若
> 处子，不食五谷，吸风饮露，乘云气，御飞龙，而游
> 乎四海之外。其神凝，使物不疵疠，而年谷熟。(《逍
> 遥游》)

这里指出神人的工夫就在神凝。神凝是指精神内聚，不为物质所影响。所谓"肌肤若冰雪"等语，虽然为后代道教称为神仙修炼的依据，但在庄子原意，只是描写神人的超脱物质的精神。所以神凝乃是指他的完全精神化的境界。可是神凝之后，又如何能使物不疵疠而年谷熟呢？这正同《中庸》上所说的：

> 喜怒哀乐未发之谓中，发而皆中节之谓和。致中
> 和，天地位焉，万物育焉。(《中庸》首章)

这是说人和万物必须和谐相处，人的所作所为都会直接或间接地影响到自然界。神凝就是精神内聚，不伤害外物，以保持和谐。在和谐中，以助成万物的变化。

（二）至人

《庄子》书中对至人的描写很多，有时候至人也兼有

神人的意思，如：

> 至人神矣！大泽焚而不能热，河汉冱而不能寒，疾雷破山风振海而不能惊。若然者，乘云气，骑日月，而游乎四海之外，死生无变于己，而况利害之端乎！（《齐物论》）

可见至人的境界和神人的境界是一样的。不过仔细分析起来，《庄子》书中对神人的描写都有化育万物的功能，因他有这种大功，所以才说"神人无功"（《逍遥游》），意思是说不执着于功名。至于对至人的描写，都是就心性上的修养而论的，如：

> 古之至人，先存诸己而后存诸人。（《人间世》）
>
> 彼且蕲以諔诡幻怪之名闻，不知至人之以是为己桎梏邪！（《德充符》）
>
> 至人之用心若镜，不将不迎，应而不藏，故能胜物而不伤。（《应帝王》）
>
> 夫至人有世不亦大乎？而不足以为之累。天下奋棟而不与之偕。审乎无假而不与利迁。极物之真，能

守其本。(《天道》)

　　古之至人，假道于仁，托宿于义，以游逍遥之墟。食于苟简之田，立于不贷之圃，逍遥无为也。(《天运》)

　　子列子问关尹曰："至人潜行不窒，蹈火不热，行乎万物之上而不栗，请问何以至于此？"关尹曰："是纯气之守也，非知巧果敢之列。"(《达生》)

从这些征引中，可以看出至人的境界都是由于心性的工夫而来的。所谓"至人无己"(《逍遥游》)就是说至人超脱了形躯，达到真我的境界，使自己和万物合成一体。这时候根本无畏于生死，无惧于利害。因为只有形体才有生死利害，这个真我和自然同流，以万物的存在为自己的存在，哪还有生死利害可言？所以至人乃在心性上达到了纯粹至真的境界。

　　(三) 真人

　　在《庄子》书中，真人和至人都是最高的理想，当然是相通的。不过我们如果强加分别，真人都偏于知性方面，也就是说真人的修炼工夫都就真知上着手。如：

> 且有真人而后有真知。何谓真人？古之真人不逆
> 寡，不雄成，不谟士。若然者，过而弗悔，当而不自
> 得也。若然者，登高不栗，入水不濡，入火不热。是
> 知之能登假于道也若此。(《大宗师》)

这里很明白地指出真人必须有真知，所谓真知就是我们的知能够达到道的境界。在《庄子》全书中描写真人最多也最具代表性的，乃是《大宗师》一文。而"大宗师"就是指道，也就是指真人。所以真人是指其知能合乎道的境界。在《大宗师》里还有很多对真人的描写，如：

> 古之真人，其寝不梦，其觉无忧。
>
> 古之真人，不知说生，不知恶死。
>
> 故其好之也一，其弗好之也一。其一也一，其不一也一。其一与天为徒，其不一与人为徒。天与人不相胜也，是之谓真人。

这是说真人的知能够洞烛事物的真相，所以无求无忧；了解生死存亡的道理，所以不爱生而恶死。他知道自然界均一的性体，因此超越相对，而与道合一。他也知人世间差

别的现象，因此与物委蛇，而不强为分别。这都是真人透过了真知而达到天人合一的境界。

在前面谈庄子逍遥境界的几篇文字中，曾说明庄子通向逍遥的境界有知和德两途。从知的路子通向真知的是真人，从德的路子达到至德的是至人。但这并不是说真知没有至德，或至德没有真知。事实上，真知和至德是交融的，有真知而后有至德，同样有至德才有真知。所以真人和至人本是一体的，《庄子》书中之所以分真人和至人，原是为着重点不同的方便说法而已。

六、无用的大用 (《逍遥游》)

在《逍遥游》的最后几段都谈到"无用"二字，如：

> 归休乎君，予无所用天下为。
>
> 宋人资章甫而适诸越，越人断发文身，无所用之。
>
> 非不呺然大也，吾为其无用而掊之。
>
> 今子之言大而无用，众所同去也。

以上几段话，都是写境界的超越，不作小用。这种无用的观念，是庄子思想的一个特色。可是也最易被人所误解、误用，以为庄子只求无用，只求避世。如在《人间世》中所描写的那株栎社树，因为它的木质易腐，没有被用的价值，反而长得那么高大。下面是它的一段自诉：

> 女将恶乎比予哉！若将比予于文木邪！夫柤梨橘柚、果蓏之属，实熟则剥，剥则辱。大枝折，小枝泄，此以其能苦其生者也，故不终其天年而中道夭。自掊击于世俗者也，物莫不若是，且予求无所可用久矣！几死，乃今得之，为予大用。使予也而有用，且得有此大也邪！（《人间世》）

这段话提出了无用和大用之间的关系。我们就以树木的用处来说，便有各种不同的层次。有的当柴烧，有的制桌椅，有的建屋造船，有的美化环境，有的防风防雨。甚至有的既没有用处又不美观的树木，它们仍然对自然界具有伟大的功能，就是光合作用。以世俗的眼光，往往视能建屋造船或美化环境的树木为好的和有用的，而忽略了那无用的树木的促进生态发展的大功能。所以这种无用之用，才是树木的大用。

树木如此，人也是如此。一位诗人、一位哲学家往往被世俗的眼光认为是无用的，也就是说不能生产的，可是他们对人类性灵的提撕却有极伟大的功能。同样，一个人的才能也有小用和大用之分。譬如一个数学系的毕业生，一出了校门，便整天在补习班教课，赚了很多钱，以世俗的眼光来看是有用的。相反的，如果他潜心于数理的问题，在生活上非常清苦，也许被世俗的人认为无用。但前者是浪费了他的才能，后者却是追求大用。再如一位擅长写作的人，到处投稿，或大量地创作，赢得了世俗的虚名，但他的著作只投合一般人的口味，而没有深度。相反的，如果吝啬笔墨，字字推敲，好像不善于写作者，毕生也许只能完成一本，或半部作品，可却是传世之作。两者相比，谁又是真正的大用？

由此我们可以了解，庄子讲无用，只是要我们不为小用而消耗精神，浪费生命，而能善尽其才，以发挥真正的大用。这和孟子的"明哲保身"，与《礼记·儒行》所谓的"爱其死，以有待也。养其身，以有为也"是同样的道理。

七、《齐物论》

《齐物论》是《庄子》书的第二篇。关于"齐物论"三字的解释，我们在前书中已经讨论过，此处不赘。但就全篇的文字内容来说，它和《逍遥游》正好呈现了两种非常不同的景观。《逍遥游》好像坐滑梯，一泻千里，痛快淋漓；而《齐物论》好像由山脚下向上爬，到处是崎岖的山路，到处是峭岩绝壁。

《齐物论》是《庄子》书中最重要的一篇，也是最有理论体系的一篇。该篇首先提出"吾丧我"的这个真我。接着强调这个真宰、真君，事实上，也就是真我。然后从现象界的各种是非、生死、美丑、成毁等的相对性，以说明真知乃是照之于天的，也就是归于自然的。所谓自然也即是顺万物的自体，因为万物都各有其真我。最后归之于人的真我与万物的真我共化。所以整个《齐物论》的血脉乃在于真我。唯有真我，才能去齐物；也唯有物物都具真我，物物才能齐一。

八、吾丧我 (《齐物论》)

《齐物论》一开头便提出"南郭子綦隐机而坐，仰天而嘘，苔焉似丧其耦"的"吾丧我"。我们在前书中也说过这个"吾"是真我，这个"我"是形体的我。但"吾丧我"与齐物又有什么关系呢？原来人世间一切的钩心斗角，一切的痛苦烦恼都是由于这个"我"在那里作祟。这个"我"形成了一个障壁，隔开了人与人之间的真情与了解，这个"我"形成了一个虚妄的中心，使我们变得自私而贪婪。所以庄子在《齐物论》中劈头就要丧我。丧掉了这个我，才能得到真我，才能使我与万物以真面目相游。

九、天籁 (《齐物论》)

在《齐物论》中，提到人籁、地籁和天籁。所谓人籁指的是乐器所产生的音乐；地籁指的是自然界的各种孔穴，因风吹过时而产生的各种声音。至于天籁是什么，庄子没有直接解释，只是问说：

> 夫吹万不同，而使其自己也，咸其自取。怒者其谁邪！(《齐物论》)

虽然各种不同的声音，都是由于风吹过不同的孔穴而形成的，但鼓动这个风的又是什么呢？庄子没有回答，但我们可以看出那是指天。天是自然的，无声无息的，所以天籁是没有声音的。由于天籁的没有声音，才能使万物各发抒自己的声音。这就如同风没有自己的声音，才能吹过不同的孔穴而产生不同的声音；如果风本身有它自己的声音，那么它吹过孔穴时，便都变成了一种声音。这个天籁正暗示了真我，由于真我没有我见，才能使万物自齐。

十、真宰、真君（《齐物论》）

《齐物论》提到的真宰和真君都是在描写同一个本体，如：

> 是亦近矣，而不知其所为使。若有真宰，而特不得其朕。可行已信，而不见其形，有情而无形。百骸九窍六藏，赅而存焉，吾谁与为亲？汝皆说之乎？其有私焉？如是皆有为臣妾乎？其臣妾不足以相治乎？其递相为君臣乎？其有真君存焉？

在这段话里，从真宰说到真君，原是一体的，就是真我。这个真我是有实体而无形体的。它寄存于形骸躯体之内，却不为形体躯骸所限制。

不过在《庄子》书中，仅有这一段话提到真宰、真君，在其他的地方都只是一个真字，如：

> 如求得其情与不得，无益损乎其真。(《齐物论》)
>
> 无以人灭天，无以故灭命，无以得徇名，谨守而勿失，是谓反其真。(《秋水》)

这个真字是指真性，也就是真我。

十一、道隐于小成 (《齐物论》)

小成就是少有成就，也即小知小慧。我们追求道的路程是无限向上的发展，永远没有停止的一天。如果一停下来，便是执着，便是小成。《金刚经》中所谓"无所住而生其心"，六祖慧能以此悟道，同时也以"无住"二字作为中国禅宗顿悟的主要工夫。这种"无住"的思想和庄子"道隐于小成"是异曲而同工的。

庄子这种"道隐于小成"的思想，不仅贯穿了整篇《齐物论》，也贯穿了他整个的思想。所谓生死、是非、成毁、美丑的相对观念都是执着，唯有打破了执着，才能见道的大全。物之所以不齐，就是由于每物都执着于自己的形骸和才具。就像那跳跃于枝头的小麻雀,就像那终身被囚禁在枯林中的青蛙,它们自以为天下之技尽于此,天下之美尽于此,而不知天下之大,这就是小成。由于它们执着这点小成,骄傲这点小成,于是互相批评,彼此轻视,这就是无法齐一的物论。

在人世间,这种例子很多,庄子所谓:

> 夫知效一官,行比一乡,德合一君,而征一国者,其自视也亦若此矣。(《逍遥游》)

这就一般的知识和才能来说,都是非常有成就的,可是就道的境界来说,却是极为渺小的。正如德山宣鉴禅师所说:

> 穷诸玄辩,若一毫置于太虚;竭世枢机,似一滴投于巨壑。

问题不在成就之小,而在执着于这个小小的成就。如果我们对自己的小成就不执着,而能以开放的心灵向上作无限的追求,这便是求道。相反的,如果得到了一点小成,便沾沾自喜,这点小成非但不是将来成功的铺石,反而成为障碍。

我们非但不应该对目前的小成骄傲、自满，而且有时还应该予以扬弃。譬如报纸上写方块，每日一篇，而且拥有广大的读者，这在写作上算是有点小成了。如果不能突破这一点成就，那么一辈子只能写方块，永远也写不出大文章。再譬如第一本小说轰动一时，而以后的所有作品都依循着这本处女作的格式，不能另创新的风格，那么所有的作品都是第一本成名作的影子。只是量的增多，而不是质的提升，只是多产，而不是创作。又譬如我们写一篇文章，其中有一段文字非常出色，可是就全文来说却不相称，如果我们不忍割爱，这一段文字也许就成了这一篇文章的败笔。这些例子都说明了我们对以往的一点小成就必须看得破，丢得开，这样才能有新的成就，才能有更高的境界。

十二、莫若以明（《齐物论》）

莫若以明就是不如"以明"的意思，这个"明"字在《庄子》书中用得很多，有许多地方都当作动词用，并无深意。值得我们注意的是在《齐物论》中有三处具有特

殊意义的"明"字,如:

> 故有儒墨之是非,以是其所非,而非其所是,欲是其所非,而非其所是,则莫若以明。
>
> 是亦一无穷,非亦一无穷也,故曰莫若以明。
>
> 是故滑疑之耀,圣人之所图也。为是不用而寓诸庸,此之谓以明。

这三段文字都是要扬弃是非的知见。第一段话批评各家学说的拘囿于自己的见解,而以别家为非。第二段话说明是非的相对,没有定论。第三段话指出圣人所鄙弃的是那些专讲诡辩的小知小慧。这三段话结尾都强调"以明"。所谓"以明"就是本之于这个明。这个"明"是大知之明。《老子》说:"知常曰明"(第五十五章),也就是说知道永恒的真理是明。所以这个明是内心的彻悟,是真知,是智慧。

十三、因是已(《齐物论》)

《齐物论》中在紧接着三次"莫若以明"之后,便提到"因是已",一共有四次,如:

是以圣人不由，而照之于天，亦因是也。

为是不用而寓诸庸。庸也者，用也；用也者，通也；通也者，得也；适得而几矣。因是已。

名实未亏，而喜怒为用，亦因是也。

自无适有以至于三，而况自有适有乎？无适焉。因是已。

这几处"因是已"都紧跟着"莫若以明"而来，可见"因是已"是"莫若以明"的进一步解释。"莫若以明"是指不堕于是非的相对性中，而归于智慧之明。可是如何去本于这个明呢？这并不是说用自己的"自以为明"，因为"自以为明"就是成见、执着，也即庄子所说的"为是"。庄子的意思是要我们"为是不用"，而因万物的真是。也就是说丢开我们自己的经验、成见、判断，而顺乎万物的本然。山高水深，花红柳绿，大鹏小雀，都各有各的真性，各有各的境界。我们对于每样事物，都还它们一个本来面目，这才是真正的知，真正的明。

在以上四段中，第一段是说圣人不执着于是非，而本之于天道的自然。第二段是说不偏于一面，而本之于是否真有用,真有所得。第三段是说不惑于名相,而直证本体。第四段是说心中没有一点成见,而顺物的自然。所以综合这几段看法,"因是已"就是任物自然,不强为分别的意思。

十四、一(《齐物论》)

在《庄子》书中,这个"一"字用得很多。除了那些仅当作数目之用,而没有哲学意义的一字之外,庄子所谓的"一",多半是指在道体中,万物齐一的境界。以下就《齐物论》一文中所谈到的"一"来看,如:

> 为是举莛与楹、厉与西施、恢恑憰怪,道通为一。其分也,成也;其成也,毁也。凡物无成与毁,复通为一。

这是指万物以其个别的立场虽有成毁,但以道来看,却是一体的。譬如伐木而制成器具,对木来说是毁,对器来说是成,但就整个宇宙来说,只是形式的改变,而无成毁可言。又如:

> 天地与我并生,而万物与我为一。既已为一矣,

> 且得有言乎？既已谓之一矣，且得无言乎？一与言为二，二与一为三，自此以往，巧历不能得。

这是指万物与我在道体上是本一的，可是我们用文字语言说它是一，已经落于相对，也就是变成本体的一和观念的一。如果我们又在思想上去求合一，这又更添一种执着而为三了。庄子这段话的意思就是说万物与我本来就是一体的，如果我们有个"一"的观念，这个"一"已变成了相对的观念而不是道体，如果我们还要去求合一，这实在是多此一举，平添障碍。正如庄子所说：

> 因是已。已而不知其然谓之道。劳神明为一而不知其同也，谓之朝三。

如果我们能顺万物的本真，正同"鱼相忘于江湖"，这就是道。活在道之中，也就根本不知有道。可是当我们自己脱离了道，就像鱼儿挣扎在鱼铺内，以口沫相濡。这时拼命要求和道合一，愈要求，也就愈分离。

从以上所述可以看出庄子所谓的"一"，乃是指人和天，或人和道的本一的境界。这和老子所谓的"一"是从

道的作用来说的，是有所不同的。如老子说:

> 道生一，一生二，二生三，三生万物。(第
> 四十二章)

> 昔之得一者，天得一以清；地得一以宁；神得一
> 以灵；谷得一以盈；万物得一以生；侯王得一以为天
> 下贞。(第三十九章)

庄子是通"一"以归体，而老子则是得"一"以为用。

十五、天钧 (《齐物论》)

天钧，即天均，也就是天的均平、均衡的意思。庄
子说:

> 圣人和之以是非，而休乎天钧，是之谓两行。
> (《齐物论》)

所谓两行，用现在的话来说，就是双行道，而不是单行
道。单行道只能朝一个方向去，去而不能回。双行道则可
以去，也可以回。

以中西哲学作譬喻，西方哲学往往走的是单行道。如

唯物论、唯心论，不是只认定天下唯物，便是只承认万物唯心。至于其他唯实论、唯名论、逻辑实证论、实存论等都是如此，他们只执着一种标准，以此而评断一切的是非。中国的哲学却不然，我们讲中庸，讲中和。论阴阳，则求阴阳和谐；论天人，则求天人合一；论心物，则认心物为一体。一方面致高明，入形而上之域；一方面又道中庸，从下学做起。就拿思想路线有点相似，而被近代学者常相提并论的庄子和尼采来说，尼采讲超人，一超直上，上而不能下，于是骂世俗，骂基督徒，骂女人。庄子虽然也善于嘲骂，但他所骂的是贪欲。庄子的至人或真人，是在心性上下工夫的。虽然也能干云直上"独与天地精神往来"，但也能与世俗处，而"不敖倪于万物"（《天下》）。

庄子这种天钧的观念，对外来讲，就是指天道的均衡，或自然的和谐，用现代科学的术语来说，也就是生态的中和。对内来讲，就是保持心的中和，不因外界的刺激而"喜怒为用"。再进一步说，庄子所谓"休乎天钧"，也就是使内心和万物保持和谐，而达到我与万物相融共化的境地。

十六、道未始有封（《齐物论》）

"封"是封疆，也就是界限的意思。"道未始有封"这句话有两层意义，一是指道本身没有界限，它是无限发展的，也是无穷开放的，所以在时间上来说，它是永恒的；在空间上来说，它是无所不在的。一是指道的作用没有分别性，因为有分别就有彼此，有彼此就有是非，而道是超越是非的，所以没有任何界限。

然而在这里有一个问题，道如果没有分别性，不知是非，岂不是变得糊涂，变成混乱一片了吗？并不如此，道的没有分别性是说道本身没有是非的执着，也就是道没有先存着一种是非标准去对外物作判断。外物如果合道则生，不合道则亡，这一切都由于它们的自取。正如鱼相忘乎江湖，而江湖之水对鱼来说，却没有因大鱼小鱼的不同而厚此薄彼。但哪条鱼儿离开了水，一切都是由于它咎由自取。水只是无限的施舍，没有分别心。道也是一样，它是绝对至善的（此善不是相对性善恶的善。相对性的善，是由某一种标准的判断而得）。只要任何人或物合乎道，道便使其生存，所以说道的作用是没有一点分别心的。

十七、道昭而不道（《齐物论》）

道本来是开放的，非常明白的，但它的作用，有时候又是实若虚，隐若无的。如果行道可以得到好处，这道理是那么清楚，好像把钱存在银行中，每月就可以得到多少利息，一文不少的话，那么大家把行道当作牟利，道便变成了求利的工具，那还有什么道可言。道之可贵就贵在它的好处是远程的，是不易看见的，而且不一定是肉体上的。所以我们行道不一定就马上能兑现它的好处。行或不行，完全看我们是否有更高的理想，更大的心愿。道绝不像推销员一样，为我们说尽一切的好处，引我们入壳，道就是那么若隐若现的，让我们自己去决定。

十八、不缘道（《齐物论》）

这里所谓缘，是指攀缘的意思。也就是说我们的行道一切发乎自然，如果把道当作工具，这是在利用道，这个道也就不是真正的天道。如果我们把道当作一个偶像来依赖，而忘了自己的努力，这也不是真正的道。

禅门中有这么一个故事。有一次德山宣鉴禅师随侍龙潭崇信禅师，当时天色很晚，德山准备回屋休息，可是发现路上很黑，便回来向龙潭借烛光，龙潭拿了一支纸烛送他到门口，当德山正准备去接这支纸烛时，龙潭突然把火光吹熄，而把门一关，把德山关在门外。这时德山面临着外界的漆黑一片，没有一点烛光，反而大悟了。假设龙潭把纸烛递给德山，德山依靠了这点火光，走回家去，当然是跟往常一样，一宿无话。可是偏偏龙潭恶作剧似的，把这支纸烛吹熄了，由于外界没有一点可攀缘的，于是德山内在的火烛才真正地点燃了，这时他才真正发现路是人走出来的，一切都要靠自己去走。

庄子所谓"不缘道"的意思，也就是不要把道当作外在的烛光一样去依赖它，不要把道当一个偶像来信仰。因为道是由自己行出来的。

十九、天倪 (《齐物论》)

"倪"是端倪，也就是真际的意思，"天倪"就是指天道的真际。庄子自己的解释是：

> 何谓和之以天倪？曰：是，不是；然，不然。是若果是也，则是之异乎不是也，亦无辨。然若果然也，

则然之异乎不然也，亦无辨。……忘年忘义，振于无
竟，故寓诸无竟。

这段话是说：天道的真际，就是真知真是。"和之以天倪"
就是和天道合一的意思。这时，一切顺乎天道，忘言、忘
年、忘义，也就是超越了一切的相对执着。我们的心行于
无穷之境，也寄于无穷之境，也就是因万物的真是，与万
物而共化。

二十、物化（《齐物论》）

物化是庄子思想中的一个重要观念，也是整个《齐
物论》的结语。对于物化，庄子曾以蝴蝶梦为譬喻说：

> 昔者，庄周梦为胡蝶，栩栩然胡蝶也，自喻适志
> 与，不知周也。俄然觉，则蘧蘧然周也。不知周之梦
> 为胡蝶与，胡蝶之梦为周与，周与胡蝶，则必有分矣，
> 此之谓物化。（《齐物论》）

关于这段话的重点，在前书《逍遥的庄子》章中已分析
过。庄子在《齐物论》首段提出"吾丧我"，在结论谈
"物化"，可见"吾丧我"和"物化"是前后呼应的。唯有

真我才是物化的主体，也唯有超脱了形体的我，万物与我才能以各自的真我共游。所以物化并不是使我们向下坠落，变得和物一样的，相反的，却是使万物都提升了上来，与我共游。

二十一、《养生主》

这是《庄子》书的第三篇。该篇讨论养生之道重在养神。所谓"养生主"，就是要修养这个生命的主体。

一般来说，我们都只注意到躯体的生命。我们羡慕那些长寿的人，我们希望活得像他们一样长，可是研究他们的长寿之术，往往使我们感觉迷惑。因为每个人都有一套他们自己的生活习惯，有的喜欢素食，有的却不戒荤腥，有的根本不知道什么是长寿之术。《庄子》曾有一段故事说：

> 威公曰："田子无让，寡人愿闻之。"开之曰："闻之夫子曰：'善养生者若牧羊然，视其后者而鞭之。'"威公曰："何谓也？"田开之曰："鲁有单豹者，岩居而水饮，不与民共利，行年七十，而犹有婴儿之色，

> 不幸遇饿虎，饿虎杀而食之。有张毅者，高门县薄，
> 无不走也，行年四十，而有内热之病，以死。豹养其
> 内，而虎食其外；毅养其外，而病攻其内，此二子者
> 皆不鞭其后者也。"（《达生》）

这段故事里，张毅只注重外在的物质享受，而伤害了内在
的生命。单豹却只注重内在的修养，而忽略了外在的环
境。总之两者都各有所偏，不能内外兼顾。庄子所谓鞭其
后者，是指牧羊时，只用鞭驱策那走在最后面的一只羊，
也就是说鞭子要用在恰到好处的地方。这最后的一只羊就
象征我们生命的主体，即精神。

《养生主》所要养的就是精神。如果能把握住精神，
我们既不会依靠外在的物质，如过分营养的物品，或维他
命之类的补药来加强自己的躯体；也不需要排斥一切的物
质，以避世的态度来摄生。我们只要在精神上能够清心寡
欲，在躯体上一切顺乎自然，合乎中道，则自然能够无入
而不自得。

二十二、为恶无近刑 (《养生主》)

在《养生主》第一段中提到三句养生的最重要的话:

为善无近名,为恶无近刑,缘督以为经。

关于"缘督以为经"一语,放在后面再论,此处我们谈谈前面两句。"为善无近名"这句话一看就能了解,但我们如果把"为善"的"为"字当作"行"或"做"来解,那么下面一句"为恶无近刑"便解不通,因为庄子是要人善恶双忘,又如何可能劝人"为恶",告诉人可以为恶,只要做到不近刑。所以此处的两个"为"字,不宜当作"行"或"做"解。而应当作"为了"或"对于"解,如为名、为利。因此"为恶无近刑"可以解作对于罪恶要小心,不要使自己因它而受到刑累。但这与养生又有什么关系?在社会上,作奸犯科,遭受刑罚的人毕竟不多,那么我们这些大多数不受刑累的人,是否就能养生呢?这个答案显然不是肯定的,所以"为恶无近刑"与养生的关系还有深一层的意义。

首先说这个"恶"字,此处的恶不只是指有罪的行为,而是泛指一般的欲望,和罪恶的引诱。如庄子说:

> 方今之时，仅免刑焉。福轻乎羽，莫之知载；祸
> 重乎地，莫之知避。已乎已乎！临人以德。殆乎殆
> 乎！画地而趋。迷阳迷阳！无伤吾行，吾行邻曲，无
> 伤吾足。(《人间世》)

所谓"祸重乎地"，就是指到处是罪恶的陷阱，这些因罪
恶所造成的祸患就像地那么厚，那么无边。也就是说在我
们周围的都是这些罪恶祸患，如酒、色、财、气等。再说
这个"刑"字，在《庄子》书中有三种意义：一是天刑，
二是外刑，三是内刑。所谓天刑是指天的刑罚，如：

> 是遁天倍情，忘其所受，古者谓之遁天之刑。
> (《养生主》)

> 天刑之，安可解？(《德充符》)

这是指我们的死生，或形体上的残缺等都是天所安排的，
因此我们只有安之若命。不必对抗，也无法躲避。"为恶
无近刑"的刑显然不是指天刑。

至于外刑和内刑，前者是指犯了罪，遭受法律的制
裁；后者是指做了错事或因贪欲而引起内心的不安与忧

虑。如庄子说:

> 为外刑者,金与木也。为内刑者,动与过也。宵
> 人之离外刑者,金木讯之。离内刑者,阴阳食之。夫
> 免乎外内之刑者,唯真人能之。(《列御寇》)

"为恶无近刑"的刑就是指此处所谓的内刑与外刑。在养生上尤其是指内刑。所以这句话的意思,也就是说身处在各种罪恶的引诱和欲念的包围中,我们千万要小心不使自己的内心遭受到内刑,而有不安与忧患。这才能真正地养神。

二十三、缘督以为经(《养生主》)

督是指颈中央的脉,有中和虚的意思。所以这句话常被解作以中道为法则,或以虚寂为法则。当然这样的解释并无不可。如果把中道解作超是非,及保持心的和谐,这与庄子的思想也并无不合。不过庄子既然此处是指中或虚,为什么不直言缘中以为经,或缘虚以为经,却特别指出一个督字来?据陈寿昌的注解是:

> 缘,顺也。督,督脉。经,犹径也。督脉下贯尾

间，上通泥丸，炼气开关，以此为径路。(《南华真经
正义》)

这段话显然掺杂了道家修炼之术。虽然庄子思想中并没有
浓厚的这方面思想，但单就《内篇》来说，其中仍有许多
线索，如坐忘、心斋、朝彻等，可以看出庄子不只是在思
想上下工夫，而且在心身上还有一套实际的修养。试想一
位像庄子那样整天与山林为伍，与鸟兽同游的隐士，他既
不须劳形于案牍，也不愿埋首于经籍，因此他有太多的空
暇可以从事实际的修炼。在庄子的书中，我们只看到他谈
天人相合，自然同化。但庄子又岂是一位只知口谈，只懂
观念游戏的舞文弄墨者？从他运用的某些修炼方面的术语
中，可以看出他在这方面有着实际的体验和了解，但他的
高明乃在于他并没有过分强调这方面的工夫。这和孔子虽
然精通《易经》，但却罕谈性与天道是同一的道理。他们
都是生怕后人执着，走入了歧途。事实上，后来《易经》
的流于术数，道家的杂于方术，这都是孔子和庄子所始料
未及的。

二十四、悬解(《养生主》)

对于生命的看法,庄子似乎和佛家有相同的观点,都是认为生命如果为生死所限,这是一大悲剧。庄子曾说:

> 一受其成形,不亡以待尽。与物相刃相靡,其行尽如驰,而莫之能止,不亦悲乎!终身役役,而不见其成功,苶然疲役,而不知其所归,可不哀邪!(《齐物论》)

这是由于生命的结局注定会死,对于这个悲剧没有人能例外。所有的宗教都是为这个问题而立的,所有的哲学家都有他们各种不同的方法来处理这个问题。庄子对于这个悲剧的态度乃是不执着形体的生命为生命,一方面顺乎自然,一方面化于自然。他说:

> 适来,夫子时也;适去,夫子顺也。安时而处顺,哀乐不能入也。古者谓是帝之县解。指穷于为薪,火传也,不知其尽也。(《养生主》)

所谓"安时而处顺,哀乐不能入",这是顺乎自然,也就是说认定死生有命,而不强求,一切听其自然。这是以一种达观的心情来处理这个问题。所谓"火传也，不知其尽也"，这是化于自然，也就是说了解形体的生命乃是宇宙生命的一个小小环节，躯体的死亡只是变化的一端而已，我们生命的本真乃是整个宇宙的大化。如果我们能体现这个生命的本真，我们便能和自然同化，根本没有生死的问题，当然也就没有生死的痛苦和烦恼。

二十五、《人间世》

这是《庄子》书的第四篇。本篇前面三段描写与人君相处的方法，表面上好像是谈政治上的处世之道，事实上，乃是强调修心的工夫。如第一段的要点在心斋，做到虚其心。第二段的要点在"乘物以游心"，就是顺应万物。第三段的要点在"心莫若和"，以保持与物和谐。接着后面三段都是描写以无用来保生。最后一段是结论，点出"无用之用"。

就整篇的系统来说，本篇不像《逍遥游》《齐物论》和《养生主》那么严整，那么思路绵密。但我们从每段讨论的要点中可以看出处人间世的方法，表面上虽然是无用，但并不是真正变成毫无用处的废物，而是在内保持心

的和谐，而不为外物所用，以达到无用的大用。这才是
《人间世》的真旨。

二十六、心斋 (《人间世》)

"心斋"是庄子思想中的一个重要的修养工夫，据他
的描写是：

> 若一志，无听之以耳，而听之以心，无听之以心，
> 而听之以气。听止于耳，心止于符。气也者，虚而待
> 物者也。唯道集虚。虚者，心斋也。(《人间世》)

这段话有两个重点，一是"听之以气"，一是"虚而待
物"。所谓"听之以气"，就是心顺乎气的自然。因为听之
以耳和听之以心都是向外有所攀缘，有所执着。而气和心
不同，气本身无欲，心却是有欲的，所以听之以气，实际
上，就是不用耳官、心官去听，也就是无听。这是心斋的
工夫。所谓"虚而待物"，是指心斋虽然是使心虚，但此
心虚并不是心的断灭，而是在心中的欲念空了之后，这个
心反而更能反映外物的真实。

这种心斋的工夫相当于佛家禅定的境界。禅定也是

使心中没有欲念。等到没有欲念之后，心中定而生慧，庄子的心斋也是如此。他说：

> 虚室生白，吉祥止止。夫且不止，是之谓坐驰。
> （《人间世》）

虚室就是指虚心。心中欲念虚了之后并不是漆黑一片，相反的，却产生光亮，这光亮就是智慧之光。所谓"吉祥止止"就是指智慧的产生。如果只有定而没有慧，只有虚而不能应物，便是坐驰，也就是精神散失，了无生机的枯坐。

二十七、德荡乎名（《人间世》）

在《庄子》书中，这个"德"字用得很多。大致说来，庄子所谓"德"也和老子的"德"一样，是道的用，是内在的心性。关于德的运用，在《人间世》中曾提到三次。如：

> 且若亦知夫德之所荡，而知之所为出乎哉？德荡乎名，知出乎争。
>
> 夫支离其形者，犹足以养其身，终其天年，又况

支离其德者乎?

> 已乎已乎! 临人以德。殆乎殆乎! 画地而趋。

所谓"德荡乎名",就是说德是内在的心性。如果一为了名,这个纯净的德性便被破坏了,而不是真正的德。所谓"支离其德",是说明不要向外夸示自己有德。所谓"已乎已乎! 临人以德",也是指出拿自己以为有德的眼光来评判别人,这是非常危险的。

举个例说,朋友之间的劝善,如果你只拿着道德教条去直诉朋友的不是,或以你自己的有德去批评朋友,使其相形见绌,这很难达到规过的目的,同时也显出你自己没有真正的诚意。相反的,你应该先丢开那套道德教条,撤去你和他之间的樊篱,站在他的立场去了解他,同情他,然后再慢慢地引他走入正道。正如庄子在《人间世》第三段中描写如何去劝谏那位顽皮的卫灵公太子。他的天性好杀,如果直接批评他,恐怕有杀身之祸,如果一味地顺从他,则又助长了他的恶行。因此先必须抓住他的性向,和他打成一片,如:

> 彼且为婴儿,亦与之为婴儿;彼且为无町畦,亦

> 与之为无町畦；彼且为无崖，亦与之为无崖，达之入
> 于无疵。(《人间世》)

这也就是说了解他的心理，站在他的立场。正同孟子劝齐
宣王行仁政，宣王推辞说自己好色、好货，孟子非但没有
板起脸孔来教训，反而说好色、好货没有关系，然后再告
诉宣王须使人民都能满足应该有的色和货。庄子的意思正
是如此，他说：

> 形莫若就，心莫若和。虽然，之二者有患。就不
> 欲入，和不欲出。(《人间世》)

这是说在外面要和对方表示亲近，好像完全站在他的立
场，可是内心却要保持德的和谐。不过在外面的亲近只是
拉拢彼此的距离，而不是说你被他所左右，和他同流合
污。至于内心的德之和，虽然使你不为物迁，但却不宜表
现于外，以德临人。

　　这种外与世俗处，而内心保持德之和的工夫，正是
庄子处人世间而能逍遥游的方法。

二十八、《德充符》

这是《庄子》书的第五篇。所谓"德充符"是指德充于内而符于外。关于德是否充符的问题,大致有以下几种情形:

有一种人是内既不充,外也不符。也就是说内外都没有德行,这是完全无德之人。

另有一种人是内不充,而徒求符于外。也就是说内无真德,而在外面却装成道德模样,这就是伪君子。

再有一种人是内虽有德,却不能符于外,也就是说他们的德行是封闭的,独善其身的。

以上三种人都不是庄子所谓的有德之人。庄子所谓的"德充符"乃是内在有德,而不求显耀,却很自然地能符于外。在《人间世》全文中,庄子描写了许多外表上非常丑陋,和残缺不全的人,如兀者王骀、申徒嘉、叔山无趾和哀骀它等。就他们的相貌来说,都不能符合世俗的要求,可是他们内在之德的充实而溢于外,犹如和暖的春风,使人陶醉,非但令人不感觉其外貌的丑,反而乐于追随他们,和他们共游。

这种内在充实而不求于外的德,是庄子所理想的德,也是《德充符》一文的精神所在。

二十九、不与物迁 (《德充符》)

这是写精神内聚（神凝），德性充实（德充），而不受外物的影响。这是一种定的境界。不过这种定不只是寄托在形体的打坐方法上，而是完全出于德性的修养工夫。《庄子》书中说：

> 死生亦大矣，而不得与之变。虽天地覆坠，亦将不与之遗。审乎无假，而不与物迁。命物之化而守其宗也。(《德充符》)

在这段话里，我们要特别注意"审乎无假"一语。审就是了解、认清。"无假"即是真，也就是指真性、真我。如果我们真能认清自己的真我，自然不会被外物所左右，而且能操之在我，以支配万物的变化，所谓"物物而不物于物"(《山木》)。

庄子这种"不与物迁"的思想，后来影响到僧肇，他写下了那篇不朽的《物不迁论》。如他在结论中说：

> 然则乾坤倒覆，无谓不静。洪流滔天，无谓其动。

苟能契神于即物,斯不远而可知矣。(《物不迁论》)

所谓"契神",就是"审乎无假";所谓"即物",是指了解万物的真性,这与庄子"命物之化而守其宗"的意思是相通的。

三十、才全而德不形(《德充符》)

这句话是《德充符》一文的眼目。什么是才全?该文说:

> 死生存亡,穷达贫富,贤与不肖,毁誉饥渴寒暑,是事之变,命之行也。日夜相代乎前,而知不能规乎其始者也。故不足以滑和,不可入于灵府,使之和豫通,而不失于兑,使日夜无郤,而与物为春,是接而生,时于心者也,是之谓才全。

所谓才全是指应变之才的完美,也就是德性之用。由于死生存亡穷达贫富等是外在的变化,属于命的范围,不是我们人力所可强求的,也不是我们智力所能了解的,对于这些,我们只有安之若命,不要因它们而影响到内心的和谐。我们要时时保持心中的和悦,与外物相交,而没有一点嫌弃的差别心。正如无门和尚所说：

> 春有百花秋有月，夏有凉风冬有雪；若无闲事挂
> 心头，便是人间好时节。(《无门关》)

也就是处任何时节，都像春天一样的美好，这就是德性之用，无时而不好。

什么是德不形，该文说：

> 平者，水停之盛也，其可以为法也。内保之而外
> 不荡也。德者，成和之修也。德不形者，物不能离也。
> (《德充符》)

这段话以水平为例。静止的水，是它自己的静止，本与别人不相关，但由于它绝对的平，而万物都以它为法则。同样，对于德性的修养，这本是个人心性的工夫，但由于心性达到和谐的境界，表现于外的，也是一片和融，使万物易于亲近。所以德真正地充于内，很自然地便会符于外，和万物融成一片。

三十一、无情

关于圣人是否有喜怒哀乐的情感,这是魏晋玄学家们清谈的一个热门问题。何晏认为圣人没有喜怒哀乐,王弼反对,而留下了一段佳话:

> 何晏以为圣人无喜怒哀乐,其论甚精。钟会等述之。弼与不同,以为圣人茂于人者神明也,同于人者五情也。神明茂,故能体冲和以通无;五情同,故不能无哀乐之应物。然则圣人之情,应物而无累于物也,今以其无累,便谓不复应物,失之多矣。(《三国志·魏书·钟会传》)

何晏的论圣人无喜怒哀乐,虽然我们不得其详,但显然是掇拾一般所谓"太上忘情"的看法;而王弼的思想却是深契于庄子的精神。在《德充符》中便有一段和惠施讨论无情之旨的对话:

> 惠子谓庄子曰:"人故无情乎?"庄子曰:"然。"惠子曰:"人而无情,何以谓之人?"庄子曰:"道与之貌,天与之形,恶得不谓之人。"惠子曰:"既谓之

人，恶得无情。"庄子曰："是非吾所谓情也，吾所谓
无情者，言人之不以好恶内伤其身，常因自然而不益
生也。"惠子曰："不益生，何以有其身？"庄子曰：
"道与之貌，天与之形，无以好恶内伤其身。今子外
乎子之神，劳乎子之精，倚树而吟，据槁梧而瞑，天
选子之形，子以坚白鸣。"

这段话里，庄子很明白地表示他之所谓无情并非没有真正
的情感。当他妻子死时，起先他哀伤而泣，后来他鼓盆而
歌，这都是真情的流露。像这种哀乐是人之常情，并不是
庄子所谓"以好恶内伤其身"的情。虽然他在《养生主》
一文中曾批评那些吊唁老聃之死的人说：

　　　向吾入而吊焉，有老者哭之，如哭其子；少者哭
之，如哭其母。彼其所以会之，必有不薪言而言，不
薪哭而哭者，是遁天倍情，忘其所受，古者谓之遁天
之刑。(《养生主》)

他这话也只是劝人了解生死有命，不要过分伤心而已。
　　总之庄子对情的看法，并不是一味地要绝情，要断

情,而是劝我们虽然面临喜怒哀乐之事,但却不因它们而忧虑,而伤神。

三十二、《大宗师》

这是《庄子》书的第六篇。题名《大宗师》是指大道可为我们的宗师。此文一开首便提出:

> 知天之所为,知人之所为者,至矣!知天之所为者,天而生也。知人之所为者,以其知之所知;以养其知之所不知,终其天年而不中道夭者,是知之盛也。

这是说我们要取法于道,以道为宗师,必须知天之所为,和知人之所为。所谓知天之所为,就是天人合一,一切顺乎自然。所谓知人之所为,就是拿自然之道来修养心性,以保全生命的本真。

此文接着共有四段都是在讨论真人,以托出天人合一的道的境界。然后再描述如何游于道体,及入道的工夫。游于道体,就是相忘于道体,而入道的工夫就是一个忘字。此文的整个精神就在一个忘字,要我们忘古今、忘内外、忘仁义、忘运命，而具体的修炼就是坐忘。

此文一开始揭出一个知天知人的知，可是到了后来却提出一个忘字。如果我们能把握住庄子这个知和忘的关系，以及了解如何由知到忘，和由忘到知的一段工夫，我们就能抓住此文的精神，而以大道为宗师了。

三十三、不以心捐道（《大宗师》）

庄子说：

> 不忘其所始，不求其所终。受而喜之，忘而复之。
> 是之谓不以心捐道，不以人助天。（《大宗师》）

这个"捐"字本有两义，一是抛弃的意思，如捐弃，一是贡献的意思，如捐助。这两层意思正好相反。虽然在这段话里的"不以心捐道"，两层意思都可用得通，但却有浅深的不同。

一般的注释都把这个"捐"字当作弃字解，是说我们的心不要舍弃道，不要忘了道。这意思非常浅显，而乏深趣。并且，和后面的"不以人助天"不甚衔接。如果把这个"捐"字当作贡献解，却境趣立现。因为我们一般人的通病，往往有两种：一种是根本不知道，或破坏道，也就是说以人灭天。另一种是有意求道，而过分执着。在自己心中去构搭道，以为道是如何如何，这就是以人助天。庄子此处就是针砭后面这种人，虽然他们并没有作恶，而违反天道，但他们的贪生怕死，只求长生，而不肯听任自然，也是违反了天道。如庄子说：

> 夫大块载我以形，劳我以生，佚我以老，息我以死。故善吾生者，乃所以善吾死也。今大冶铸金，金踊跃曰"我且必为镆铘"，大冶必以为不祥之金。今一犯人之形，而曰"人耳，人耳"，夫造化者，必以为不祥之人。今一以天地为大炉，以造化为大冶，恶乎往而不可哉！成然寐，遽然觉。(《大宗师》)

这种眷恋形体的生命，只愿做人，而不肯随着自然的变化，死而为物的，显然是一种执着。这是不了解自然大化的真正意义。

如果我们再进一步去看，不仅对于生命的贪恋是一种执着，同时，对于道的过分欣羡，也是一种执着。因为这个道本是自然，一有欣羡，便有区别之心，便拿自己的意想加诸于道之上，而以为道必须如此如此，这便把道过分形而上化，而失去了道在人物上的基础，失去了道的自然本色，于是便造成了道和人物之间的割裂。这样，先把天和人分割了开来，又再求天人合一，岂不是在自设圈套，自掘陷阱。庄子说：

> 天与人不相胜。(《大宗师》)

也就是说不要把天看得太高，而与人脱节。这就是"以心捐道"，"以人助天"。事实上，天人本一，只要我们顺乎自然，道就在目前。庄子这种思想，被后来的禅宗大加发挥，而形成"平常心是道"的中国禅宗的精神。

三十四、两忘而化其道 (《大宗师》)

所谓"两忘"，本指是非两忘。但引申来说，可指一切相对的现象，如生死、成毁、荣辱等。庄子说：

> 泉涸，鱼相与处于陆，相呴以湿，相濡以沫，不如相忘于江湖，与其誉尧而非桀也，不如两忘而化其道。(《大宗师》)

照一般的情形来说，我们应该是是而非非，誉尧而非桀。如果我们要是非两忘，岂不是不分是非善恶了吗？其实是非两忘和不分是非的意义有别。普通我们指一个人不分是非就是指他以是为非，或以非为是。庄子所谓是非两忘，正是针对这种毛病。这个忘不是忘记的意思，而是超越。这种相对的是非，乃普通我们观念上或意见上的是非，没有绝对的标准。唯有超越了这种相对的是非，才有真"是"，而无"非"。这是真知，这才是大道。

"两忘而化其道"的意思，就是说我们具有真知，或活在道的境界中，根本不为这些是是非非的意见所困扰。这就同鱼儿悠游在江湖之中，却不知道有水，等到一旦离开了水面，才汲汲于求一点水以活命。同样，如果在道的境界中，所见的万物都是他们的"本地风光""本来面目"。所以没有不是，没有不善，因此也就不感觉什么为是、什么为善了。

三十五、藏天下于天下（《大宗师》）

人的一个通病，就是喜欢藏。像那林间的松鼠，在地上捡到一颗果子，便赶紧把它藏了起来。人也是一样，在街上看到好吃的、好穿的东西，便要把它们买下来，藏在家中。看到漂亮的女人，便想筑金屋以藏之。看到美丽的汽车、洋房，便要想尽方法，把它们藏在自己的名下。这种藏的本能就是人类的占有欲。可是藏得住吗？纵然能藏得一时，到头来还是要归于自然。即使连这个区区的臭皮囊，也藏不了，何况身外之物？所以庄子说：

> 夫藏舟于壑，藏山于泽，谓之固矣！然而夜半有力者负之而走，昧者不知也。藏小大有宜，犹有所遁。若夫藏天下于天下，而不得所遁，是恒物之大情也。
>
> （《大宗师》）

把船藏在深谷里面，把山藏在大海里面，这总该安全吧！可是宇宙的变化，沧海变桑田，桑田变沧海，仍然是藏不住的。所以唯有把天下藏于天下，才真正地没有人偷得了。而把天下藏于天下，就是不藏。唯有不藏才能无遁。唯有不想占有万物，万物才真为我所有。唯有把我的生命托于自然，才真正能跳脱生死的锁炼。

三十六、坐忘 (《大宗师》)

坐忘是庄子思想中的一个重要工夫。在《大宗师》里曾替坐忘二字描写说:

> 堕肢体,黜聪明,离形去知,同于大通,此谓坐忘。

这种坐忘和佛家的禅定相似,不过在这里值得我们注意的是"同于大通"一语。单单"堕肢体,黜聪明,离形去知",只是做到忘我、忘是非的境界,但如果只及于此,便很容易走入枯坐的路子,并不是真正的入道。庄子特别强调"同于大通",大通本是大道,而此处不言道而言通,乃是指内外的沟通,使我们的心超脱了形躯的限制,而与万物共化。所以坐忘不只是要忘我,忘是非,而是要达到"天地与我并生,万物与我为一"的境界。

三十七、《应帝王》

这是《庄子》书的第七篇。从题目上来看本篇是在谈帝王的问题,应属于政治的范围。但此文的题目是"因应无心乃帝王之德"的意思,全文并未涉及实际的政治方法，而都是谈圣王、明王的心性修养。

此文一开始便提出不应"藏仁以要人"。所谓"藏仁以要人"就是高标仁政以招徕人民，而在末段却借浑沌之帝被凿七窍而死，以喻用知的不当。这种论调和《老子》"绝圣弃知""绝仁弃义"（第十九章）的说法相同。

此文描写明王的治道是：

> 功盖天下而似不自己，化贷万物而民弗恃，有莫举名，使物自喜，立乎不测而游于无有者也。（《应帝王》）

这与《老子》所谓：

> 万物作焉而不辞，生而不有，为而不恃，功成而弗居。（第二章）
> 夫道善贷且成。（第四十一章）

是完全相同的。可见庄子在政治方面的见解都是从老子思想中引申而来的。

三十八、壶子四示 (《应帝王》)

在《应帝王》一文中，各段似乎都提及帝王或政治方面的思想，只有其中一大段有关神巫季咸与列子的老师壶子斗法的故事似乎都是谈修心的工夫，表面上好像与"应帝王"无关似的。因此对于这段故事有两点值得研究：一是它的理论要点是什么？二是它与"应帝王"又有什么关系？

（一）壶子四示有四个层次，第一是所谓：

> 吾示之以地文，萌乎不震不正，是殆见吾杜德机也。

这是说他的表现像沉寂的大地一样，没有一点念头，没有一点就有道而正的思想萌生，这叫作杜德机。"德"就是《易经》所谓"天地之大德曰生"（《系辞下传》第一章）的德，也就是生的意思。所以在这一层次上，只是杜绝生机。如许多修禅者的绝灭一切心念，而走入枯禅死定的路子。

第二是所谓：

> 吾示之以天壤，名实不入，而机发于踵，是殆见
> 吾善者机也。

天壤，就是天机入于土壤。这代表阴阳相遇，气机动了。但这只是气机初发之时，没有任何名实概念的介入，只有微微的气机从脚跟而生，这叫作善者机。"善"字如《易经》上所谓"一阴一阳之谓道，继之者善也"（《系辞上传》第五章）的善，这是代表阴阳相遇而发展的意思。所以在这一层次上，已有气机的发展。如修禅者的气脉初通，气息从脚跟缓缓上升。

第三是所谓：

> 吾乡示之以太冲莫胜，是殆见吾衡气机也。

"太冲"就是太虚，也是指一种冲和之气。"莫胜"是指没有一点求胜的朕兆。也就是说阴阳之气相和谐，而没有任何优劣的分别现象，这叫作衡气机。衡就是指平衡、平和。这时，如修禅者不仅气息冲和，而他的心念更是不住不执，正是庄子描写心斋时的所谓"无门无毒"的境界。

第四是所谓：

> 吾示之以未始出吾宗，吾与之虚而委蛇，不知其
> 谁何，因以为弟靡，因以为波流。

"吾宗"是指道，也是指真我、本性。而"虚而委蛇"等语是指与万物周流的意思，也正是庄子所谓的"万物与我为一"的境界。如修禅者，不仅能见自家本来面目，也能见万物的本来面目。这时此心有如"心普万物而无心"，并非真正无心，而是与万物同化。

（二）壶子这四示究竟与"应帝王"有什么关系？我们曾经说过"应帝王"的意思乃是"因应无心乃帝王之德"，所以应帝王重在因应无心的意思。而壶子四示的最后一个层次就是说明此心与万物相应共化的主旨。也正是《老子》所谓"圣人无常心，以百姓心为心"（第四十九章）的意思。